システムズ
アプローチ
を学ぶ

臨床スキルを
高めるヒント

東 豊
Higashi Yutaka

田中 究
Tanaka Kiwamu

編

日本評論社

はじめに

　本書は，システムズアプローチの可能性とその実践的な価値をより多くの人に伝えることを目的としている。システムズアプローチの考え方が広く臨床に有用であることは間違いない。しかし，まだまだ十分に普及しているとは言い難く，今後ますます裾野の開拓が期待される。

　そこで，学生を含む初学者や，臨床に行きづまりを感じている中堅セラピスト，広く教育，福祉，産業，医療，司法矯正といった諸領域で日々頭を抱えている人，また不安でいっぱいな人を対象として，読後に「私もシステムズアプローチを勉強してみたい，腕を上げたい」と思ってもらえるような書籍を刊行したいと考えた。

　執筆陣には，システムズアプローチの学びを通して臨床が前にも増して上達している，編者からはそのように見えた方々が選定されている。これからシステムズアプローチに出会う人たちにとって，必ずや良き灯台となるはずである。

　内容としては，導入的な2つの章の後に，心理臨床領域およびさまざまなフィールドでの展開について，各6章が用意されている。執筆者には，システムズアプローチを学ぶうえで動機となったこと，学び始めの苦労や習得・飛躍のポイント，臨床をうまく進めるコツなどについて，事例をふんだんに用いつつ自由かつ平易に書いていただいた。「見た目はよくある専門書，中身は高級一般書」，イメージ通り，そんなふうにできあがった。

　最後に，日本評論社の木谷陽平氏には，いつものことながら抜群の舵取りをしていただきました。心より感謝いたします。

2025年2月　東　豊・田中　究

目 次

はじめに ……………………………………………………………… 3
　　　　　　　　　　　　　　　　　　　東　豊・田中　究

[第Ⅰ部　システムズアプローチの歩き方]

第1章　総　論
　　──プラグマティックなシステミカリー・プラクティスについて
　　………………………………………………………………… 10
　　　　　　　　　　　　　　　　　　　　　　　　田中　究
源流としての関係／支流の光景／プラグマティズム／プラグマティックなシステミカリー・プラクティス／おわりに

第2章　凡人としてのシステムズアプローチを極めたい ……… 25
　　　　　　　　　　　　　　　　　　　　　　　坂本真佐哉
はじめに／私が考えるシステムズアプローチの立ち位置／そこに「枠」はあるのか（枠と枠づくりの話）／会話のプロセスという枠／おわりに

[第Ⅱ部　心理臨床の実践から]

第3章　私が変われば相手が変わる
　　　——相互作用を活用する魅力……………………………………42
　　　　　　　　　　　　　　　　　　　　　　　　　髙井　恵

はじめに——システムズアプローチとの出会い／システムズアプローチの魅力／「枠組み」を理解する——システムズアプローチの基本の「き」／「課題をください」と希望する女性／「枠組み」で始まり「枠組み」で終わる

第4章　高校生との「虫退治」……………………………………59
　　　　　　　　　　　　　　　　　　　　　　　　　佐々木聡

はじめに／小さなことが気になる高校生／「虫退治」／急展開／家族のちから／まとめ／後日談

第5章　セラピストの頭の中を治療せよ
　　　——スクールカウンセリング………………………………………77
　　　　　　　　　　　　　　　　　　　　　　　　　牧久美子

セラピーの対象はセラピストの頭の中／スクールカウンセリングの現場／事　例／解　説

第6章　システムズアプローチはアメーバである…………98
　　　　　　　　　　　　　　　　　　　　　　　　　宮川俊介

はじめに／私の履歴書／Hとの出会い／事例／おわりに

第7章　心理支援を楽しむ
　　　——システムズアプローチが教えてくれたこと………………114
　　　　　　　　　　　　　　　　　　　　　　　　　金山佐喜子

わたしの転機／問題はないことが腑に落ちた出会い／普通の会話を楽しむ／全肯定の姿勢で臨む／これからのわたし

第8章　悪循環からの脱出
　——システムへの効果的なアプローチ ………………… 127
梅野智美

はじめに／就活生ミサキさんの事例／事例のまとめ

[第Ⅲ部　さまざまな領域での展開]

第9章　福祉領域におけるシステムズアプローチ ……… 142
野坂達志

福祉の仕事／システムズアプローチを学んだきっかけ／習得するためのトレーニング／システムズアプローチを教わり，以前と変わったこと／いろいろな質問法を知る／行政職員の難しさ／連携・コラボ（協働）について／事例紹介／まとめ

第10章　組織で活かすシステムズアプローチ ……………… 159
岡田由佳

システムズアプローチに出会うまで／システムズアプローチを用いた個人面談／組織におけるシステムズアプローチ／カンパニーカウンセラーの実践例／おわりに

第11章　看護に活かす３つの視点 ……………………………… 175
狩野真理

はじめに／相互作用に注目する（自分自身を含む）／フレーム（枠組み）という考え方／ジョイニング／おわりに

第12章　僕は患者さんを楽にできているのか
　　　　——児童精神科における実践 …………………………………… 193
　　　　　　　　　　　　　　　　　　　　　　　　　　　宋　大光

　話の聞き方がわからない／「自分の考え」で頭がいっぱいに／自分がしていることが見えているか／2ステップの精神療法／対話で人を楽にしたい

第13章　システムズアプローチで変わる小児科診療 …… 213
　　　　　　　　　　　　　　　　　　　　　　　　　　村井健美

　はじめに／石頭な医師の頭を開陳／事　例／事例の解説／おわりに

第14章　皮膚科診療に活かすシステムズアプローチ …… 231
　　　　　　　　　　　　　　　　　　　　　　　　　　清水良輔

　はじめに——「今ここ」にいる筆者のストーリー／医師になるまでのストーリー／皮膚科医，そして心療皮膚科医になるまでのストーリー／症例1　ステロイドに不安をもつアトピー性皮膚炎の大学生／症例2　抜毛症を伴う円形脱毛症を抱え，登校を嫌がる中学生／身体科治療における対等性の問題／皮膚科におけるシステムズアプローチ／身体科でシステムズアプローチを行ううえでの問題点

終　章　治療的な仮説をつくる，1つのノウハウ
　　　　——あとがきに代えて ……………………………………………… 249
　　　　　　　　　　　　　　　　　　　　　　　　　　　東　豊

　仮説づくりは難しくない——作法を学ぶ／推奨する仮説の立て方——これ1つで何とかなる（ことが多い）／3つの事例から／仮説を立てることの意義——仮説は必要か？／本書のあとがきに代えて

第1部
システムズアプローチの歩き方

第1章

総　論
——プラグマティックなシステミカリー・プラクティスについて

Tanaka Kiwamu
田中　究

　家族療法に由来する，セラピストとクライアントの関係性を重視するアプローチとして，ポストモダン・セラピー，解決志向アプローチ，ナラティヴ・セラピー，対話的アプローチ，コラボレイティヴ・アプローチ，それから，日本独自のシステムズアプローチなどが挙げられる。これらの考え方や手法はどこか似ていたり，重なり合ったりしている。systemically-oriented practicesという総称も存在する[※1]。「システミカリー・プラクティス」，本章ではこの名称が有する包括性を活かしていくことにする。

　そのシステミカリー・プラクティスは，周知のとおり，狭義の「セラピー」を超え，心理，医療，教育，福祉，司法矯正，ビジネスなど，諸分野での応用が可能である。本章では便宜上「セラピスト」や「クライアント」という言葉を使用しているが，各分野に適した呼称に適宜置き換えて読み進めていただきたい。

　各アプローチの違いを強調することはもちろんできるし，悪しき折衷は戒められなければならない。しかし，あえて脈々たる連続性に注目して，システミカリー・プラクティスを粗くではあるが一枚絵にしておこうというのが本章の趣旨である。なぜそのようなことをするのか，理由は後半で述べるが，

簡単に予告をしておくと,「大事なのは結果だから」である。

源流としての関係

手始めに,システミカリー・プラクティスの源流,20世紀の思想家グレゴリー・ベイトソンまで一気に遡ってみる。次のクイズはベイトソンのアナロジーに基づいている（Bateson & Bateson, 1987）。

私が人差し指を立てる。そして,「いくつありますか？」と問う。多くの人が,「1つ」と答えるだろう。

ピース,次に私がVサインを作る。「いくつありますか？」,再度,私が問う。あなたは何と答えるだろうか？「2つ」だろうか？ 確かにピース・サインを作る時に立てる指は2本である。だが,ここでは「1つ」,と答えるのがベイトソン流だ。「指と指の隙間は1つしかない」からである。

指という実体ではなく,指と指の間,すなわち指同士の関係を見ようとする。指のそれぞれを見ているだけでは指と指の関係は見えてこない。また,どちらの指が欠けても間は成立しない。指という実体を不可欠としながらも,本質は別なところにある。関係という概念の不思議さであり,面白みのあるところである。

では,対人援助を関係から考えるとどうなるのか。たとえば,母親面接において,セラピストが抱いた「過干渉な母親である」という印象は,セラピストと母親との関係の中で生じたものであり,母親そのものの性質を直接的に反映したものと考えることはできなくなる。「過干渉な母親である」とのラベルは,目の前の母親を過干渉な母親に仕立てるような会話をセラピストが母親とともに展開させていたにもかかわらず,セラピストが自分側の要因を捨象することで成り立つものであると考えなければならない。

支流の光景

関係性へのアプローチは,水を集めて豊かな流れを作り出した。次にその

ひろがりを眺めてみよう。

相互作用という視点

　1950年代，ネーサン・アッカーマンは，従来の個人面接とは異なる，家族全体の相互作用を治療の単位として扱うアプローチを提唱した。同時期，ドン・ジャクソンやヴァージニア・サティア，マレー・ボーエンらが家族との治療実践を試みており，その他にも，家族以外の関係者を巻きこみつつ，生成性に着目する先進的な試みが行われていた（MacGregor, 1962）。

　家族面接ではセラピストの目の前で家族のコミュニケーションが展開する。すると家族と家族の「間」の差異に焦点が当てられるようになる。また視線を逸らす，話を逸らす，といった「家族間」のコミュニケーションが，家族が織りなす文脈の一部として注目されるようになった。

　サルヴァドール・ミニューチンが提唱したジョイニング（joining operation）は，いわばセラピストが家族の文脈に合流するためのコツである（Minuchin, 1974）。セラピストは，家族との信頼関係を築き，肯定的に関わりながら，面接の場が安心できる空間となるよう腐心する。誰がどう見ても父親（あるいは母親）が悪い，という時でさえ，そういう時だからこそ，どちらが正しいかに囚われることなく，因果関係を循環的に捉えることが重要となる。

　そうした関わりをしていると，家族の問題点が闊達に話されるようになり，また相互的なコミュニケーションが盛んに行われるようになる。すると，たとえば父親が妻や子どもに対してこれまで照れくさくて語ることができなかった思いを表明するなど，面接の場で思いがけない展開が生じてくる。

　このような現象は，家族面接に限らず，重要な関係者を含む同席面接でも起こる。個人面接のチャンネルは，セラピストとクライアントという単独の関係性に限定されている。一方，関係者を視野に入れると，両親，夫や妻，支援関係者，担任，上司というようにチャンネルとチャンスは倍増する。

問題を維持する悪循環への注目

　ほどなくして，解決努力の悪循環がテーマ化した。問題を解決しようとする関係者のさまざまな努力が，かえって悪循環を維持してしまうことがある。こうしたMRI（Mental Research Institute）の発想から（Watzlawick et al., 1974），悪いのは個人でも家族でも関係者でもなく，「悪循環パターンである」とするスタンスが導き出された。必ずしも家族面接という形式を取る必要はなくなる。むしろ，問題解決にあたって，これまでどのような努力がなされてきたのか，そして図らずもその努力がどのように問題維持に貢献してしまっているのかが面接のテーマとなる。

　ここでの悪循環は，あくまで，「クライアントにとってのゴールにたどり着くことを阻害している悪循環」である。セラピストはまず，ゴールをどこに見定めるのか，クライアントの目指すゴールを尋ねる。ゴール地点をセラピストと検討しているうちに，悪循環を呈しているとばかり思っていた現状が，「考え得る限り最善の状態」であるという認識が生じてくるかもしれない。解決努力を精査しているうちに，「やれることはすべてやった，じつはベストを尽くしていた」ことがわかってくることもある。

　だとすると，差し当たりセラピーに取り組まなくても，現状維持をするだけでも十分な成果であると言えるのかもしれない。他方，たとえ労力を伴うとしても，セラピーに取り組むことを決意する，という道もある。どちらを選ぶか，それはクライアント次第であるが，セラピーをしようとしまいと，どちらを向いてもセラピューティックとなる枠組みを用意する。こうした多方面的な肯定的態度は多くの事例でセラピストの基本的スタンスとなる。

　クライアントを問題視し悪循環を惹起してしまっているのは，むしろセラピストである可能性もある。構成主義の視点を導入することで，セラピストの「観察する仕方を観察する」というセカンドオーダーの視点が得られる（Foerster, 1973；Keeney, 1983）。たとえば，「このクライアントは職場の問題ばかりを責めていて，自分と向き合えていない」などと，問題の核心を突いたとばかりにそれを糾そうとするセラピストがいたとする。クライアントは「わかりました」と不承不承セラピストの指定に賛同しつつも，反発を強

め，ますます他責的な態度を募らせる。その様子から，さらにセラピストは「このクライアントは回避的である」と問題を拡大する。このような問題維持パターンが見えていれば，セラピストはまず自らのこだわりを修正することができる。たとえば職場の問題をクライアントと一緒に掘り下げる方向へと舵を切ることで，新たな展開を招き入れることができるかもしれない。

介入はできない＝すべて介入である

　もう1つの構成主義の成果，それは，意味は脳内から他の脳内に「コピー＆ペースト」できない，という認識を明らかにしたことである。ウンベルト・マトゥラーナは，そうした現象を指示的相互作用の不可能性と呼んだ（Maturana, 1978）。教育や助言は一方的に完遂できるものではない，というほどの意味である。セラピストが頭の中で考えたことは，発話しさえすればクライアントにダイレクトに伝わるかといえばそのようなことはなく，その意味は解釈を経て変容する。この観点からすると，コミュニケーションはどこまでも「一方向的」である。伝わることはあるだろう。しかし，伝えることは難しい。

　やがて，セラピストたちは，介入という言葉の使用に対して慎重になっていった。セラピストの質問，提案，助言などが必ずしも意図したとおりの効果を発揮する介入になるとは限らないからである。したがって，対話には一方的に行使可能な「技術」や「テクニック」はあり得ないことになる。それを別の角度から表現すると，セラピストの何気ない一挙手一投足の何もかもが介入になっているかもしれない，という事態を表すことになる。

　セラピストが外部から問題を見定め介入する，スイッチをオン・オフするかのように変化をもたらすという発想は，構成主義の視点からすると誤りであることになる。では何をなすべきなのか。目標の1つとなったのは，クライアントを縛っている意味が変化することであった。

　枠組み（フレーム）やストーリーといった意味を取り扱う際，セラピストはまずクライアントとああでもないこうでもないと協議ができるような，コラボレイティヴな関係性を築こうとする。物語の完成形をただ聞き取るので

はない。セラピストは理解しようとする，でもまだよくわからないので問いかけ，答えを得てもなお理解の及ばないところを尋ね，というように，終わりなき理解を推し進めようとする。両者の対話的関与の中で問題がストーリーとして練り上げられる。セラピストとクライアントによってさらに揉みこまれていくうちにストーリーは形を変え，やがて解消される，というのが実践イメージとなる。

　その際，セラピストの思考にヒントをもたらしてくれる切り口を，システミカリー・プラクティスは多数備えている。解決志向ブリーフセラピーにおける「例外」やナラティヴ・セラピーの「ユニークな結果」は，問題にうまく対処できた時，クライアントにとっての好ましい時間など，非問題領域を含めクライアントを多面的に理解するうえで役に立つ視点となる（Kim Berg & Miller, 1992；White & Epston, 1990）。例外を引き起こしたクライアントの資質や持ち味にも注目できる。たとえ小さな例外であっても，蟻の一穴，ということがある。未来イメージを用いて，未来から現在を見据えるという視点の転換を積極的に使ってみてもいい。

「社会」からのアプローチ

　ナラティヴ・セラピーの成果の1つは，セラピーの中に「社会」の影響を持ちこんだ点にある。私たちが日々守っている規律は，長い訓練期間を経て，まるで自分の一部のようになっている。「チャイムが鳴ったら着席する」「仕事中に居眠りしない」。ルールを破ると大変なことになるぞ，そう私たちは私たち自身を縛る。統治者は楽だ。脅したりすかしたりしなくても，人々は自分で自分を抑える。それでいて，主体的に自由を謳歌しているつもりになってくれるのだから。

　近代社会における権力は外部から強制されるものではなく，規律として内面化される。それをミシェル・フーコーは規律型の権力として論じている（Foucault, 1975）。現在は管理型，さらには監視型へと権力の形は変化し続けていると考えられるが，フーコーの規律型を採用すると，着席や居眠りという日常の微小な場面にも権力は浸潤している，と捉えることになる。日常

の中で，自らの内から滲み出てくる要求（もとを正せば社会からの要求）が過剰になれば，息が詰まる。そんなふうに問題や病気を外からの，社会からの拘束がもたらしたものと考えてみる。

　ここで，マイケル・ホワイトらの「外在化（externalization）」が効いてくる（White & Epston, 1990）。外在化は，もともと外部にあった何かがクライアントに入りこむことで問題が発生している，という視点を用いて，クライアント自身と「外の何か」とを切り分ける手法である。「セラピスト＋クライアント」チームvs「外の何か」という構図となる。

　社会構成主義がその後ろ盾となる。社会構成主義は，個人の心理的問題を社会的文脈の中で捉える観点を提供する。ディスコースという語はもともと言語やコミュニケーションを指していたが，特定の時代や文化において当然視されるような価値観，慣習を生成し，社会的現実を維持する言語的実践へと拡張されるようになった。ディスコースという概念から，ジェンダー観や精神病理は，歴史的，文化的に構築され私たちに押しあてられている「外からの何か」だとする視点を獲得することができる。

コラボレイティヴなトーンで

　専門性をいかんなく発揮することで支援が進む。クライアントが構造化された手法やプロトコルを求めている場合には，そうした関わりはとくにうまくいくだろう。その一方で，そもそも，対人援助における専門性自体が社会的に構築された合意事項に過ぎないのではないか，という疑問がポストモダニズムを旨とする臨床家からは投げかけられている。

　ポストモダニズムは，こうすればいいという規範や価値観の流動化，多様化によって特徴づけられる，1970年代以降の社会変化を反映した文化的潮流一般を指す。「良い大学を卒業したこと」「良い会社に入社したこと」が必ずしも個人の幸福を保証するわけではない。そもそも「良い」とは何なのかが，再帰的に問い直されることになる。

　ハーレーン・アンダーソンら，ガルベストン・グループが提示した"not-knowing"（Anderson & Goolishian, 1992）は，ポストモダンの発想を下地に，

臨床実践に関わる専門性に対して疑問をもつべきであるとする概念である。ガルベストン・グループによれば，客観性に裏打ちされた専門知識は，知る者と知らざる者とを階層化する。専門知識を有するセラピストの「上から」の関与には，クライアントの主体的な行為遂行能力を抑制してしまうリスクが伴う。そこで，専門性をいったん括弧でくくり，クライアントとともに行くべき方向を模索する。すると，セラピストとクライアントのコラボレーションが支援の基調的トーンとなる（Anderson & Burney, 1996）。

　事はきわめてローカルになる。そのクライアントが，そのタイミングで，他ならぬ今ここにいるセラピストに，そのように言ったあるいは振る舞ったのは，セラピストに対して何を期待してのことなのか。その期待にセラピストが応答することが，コラボレイティヴな関係性を醸成する。

　トム・アンデルセンをはじめとするトロムソ・グループのリフレクティング・チーム（Andersen, 1987）からオープン・ダイアローグ（Seikkula & Arnkil, 2007）に至る実践は，専門家同士がクライアントの目の前で忌憚のないところを話す，そしてその中から主要な論点を専門家ではなくクライアントが選択するという実体的な形式性を含んでおり，階層性に基づいた臨床実践の見直し方をわかりやすく示してくれる。もちろん，専門性を脇に置き，クライアントの立場に立って，その事情を斟酌し，彼ら彼女らを追い詰めている枠組みに想像力を及ばせ，ケアされるべき信念に対して必要十分な言動ができなければ，せっかくの手順は形だけのものになってしまうだろう。

　社会構成主義やポストモダン思想に基づいたセラピーは，クライアントとの対話を中心に据える実践の仕方を提供している。これらの理論は，個人の問題を社会的文脈や対話の中で再構成する支援の可能性を示している。

　このように，システミカリー・プラクティスは広大な流域を形成してきた。

プラグマティズム

　とはいえ，そんなふうに一筆書きにしてしまったら，この中のどれをどのように用いればいいのかわからなくなってしまう，と心配になる向きがある

かもしれない。

　ところが，本書に登場するセラピストはさまざまな素材を上手に使ってセラピーを組み立てている。いったい，セラピストたちは何を拠り所としているのであろうか。たとえば，「役立つものはなんでも使う」というフレーズは，システミカリー・プラクティスとも相性が良さそうである。これを指針とできるだろうか。

　しかし，この表現をよくみてみると，論点先取が起きていることに気づく。特定の考え方や手法が対人援助の中で役立つかどうか，それは使ってみないとわからないのに，使用前にあたかも役立つものが確定しているかのような錯覚をもたらしてしまっている。

　対人援助のテキストに掲載されている方法が，期待される結果を産み出すとは限らない。いくらセラピストが素晴らしい方法であると思っていても，クライアントが「それは他のセラピストとやってみたことがある。最悪だったので二度と御免被りたい」と顔を背けたら，それまでなのだ。

　だから，「事後」に注目しなければならない。事後，すなわち実際に起きたことに着目してきたのが，「プラグマティズム（pragmatism）」であった。プラグマティズムによって，私たちはシステミカリー・プラクティスを渡り歩くための道しるべを得ることになる。

　プラグマティズムはチャールズ・サンダース・パースが19世紀末に提唱し，ウィリアム・ジェイムズによって広く知らしめられた哲学的アプローチである。心理学徒にはお馴染みであろう，「ジェイムズ＝ランゲ仮説」の，あのジェイムズである。

　ジェイムズは，信念の真理性をその有用性に基づいて判断する道具主義的な立場をとった（James, 1907）。彼は神が存在するという信念が，その人の人生を豊かにするという実際的な結果をもたらすのであれば，神でさえ「真理」から取り除く必要はないと考えた。

　ジェイムズ＝ランゲ仮説のほうはといえば，「悲しいから泣く」のではなく，悲しみは泣くという身体的変化としてまず生じ，その反応によって悲しいという感情が後から意識にのぼる，とする考え方であった。この仮説も，

「泣く」という実際の結果が発想の起点となっている。

「最初のものではなく最後のもの」「原理原則ではなく事後の結果」に目を向ける，それがプラグマティズムの基本的態度である。

プラグマティズムはアメリカの民主主義的な文化と深く結びついた哲学である。南北戦争後，偶然アメリカにもたらされた民主主義を保っていくにはどうすればいいか，人々は既存の「真理」を参照するのではなく，対話を通じて課題を解決し，その筋道を見いだそうとした。話し合い，他者とのバランスをとることで，多くの州が連邦をなす多元的な国家，アメリカ合衆国が形作られた。まさに，現実は社会の中で構成されるという表現を地で行っていたわけである。

ところで，こうしたプラグマティズムの含みを言い表すうえで，よく知られた「実用主義」という訳語は必ずしも好適とはいえない。プラグマティズムは早くもは明治時代には実用主義と訳され，その後一定の定着をみた。本訳語はプラグマティズムの実践的応用や有用性を捉えてはいるものの，功利性や表層的な実用性を強調しすぎてしまう懸念がある。プラグマティズムには協働性や多様性，また知識や経験が人々との交渉を経て動的に構成されるという，実用主義という訳語がもうひとつカバーしきれない一面があることを銘記しておく必要はあるだろう。

プラグマティックなシステミカリー・プラクティス

システミカリー・プラクティスの臨床知見は数多ある。しかし，臨床現場において，そのうちのどれが有益なのかは事前決定できない。クライアント次第だからである。よりよく支援を進めるには，クライアントの見解を踏まえなければならない。そして，その都度ごとの「結果」を検証し続けなければならない。プラグマティズムが提案するのは，そうした臨床実践の仕方である。

ケース0 「ナントカ療法」

　プラグマティズムに基づいた臨床を理解するうえで，東の報告事例が助けになる（東，1993）。事例では，家族療法というやり方でひどい目にあったと言って来談した家族に，行動療法が提案される。セラピストは学習理論を用いて改善に至るまでのストーリーを示し，具体的な取り組みとしてネガティヴ・プラクティスを提案する。家族関係についてはあえて一顧だにせず，家族をネガティヴ・プラクティスの協力者に位置づける。「行動療法という枠組み」の中で，家族は協力の度を増し，支援は成功裡に終わる。家族は支援の効果に大いに喜ぶが，行動療法の効果なのか，家族療法の効果なのか，それらの相乗効果なのか，読者には（そしておそらくセラピスト自身にも）見定められない。東がそうした臨床実践に付与した名称が，「ナントカ療法」だった。

　行動療法とも家族療法ともつかない，ナントカ療法。それは，クライアントの期待に合わせ続けることで，結果的に構成されたフレームである。行動療法，家族療法かくあるべしといった教条的な実践，すなわち決定事項の機械的遂行とは対極にある本事例は，プラグマティックなセラピーのわかりやすい一例であるだろう。

　一方，次に挙げるケース1「病棟の失敗」はその真逆をいっている。ケース2「達人の教え」とセットでご一読いただけると幸いである。

ケース1　病棟の失敗

　私が駆け出しの頃，とある日，面接依頼が入った。ある入院患者が心理士との面接を希望しているという。その患者に病棟スタッフは手を焼いていた。心理療法が現状を打開する1つのきっかけになるかもしれない，事前に寄ったナースステーションには，心理士に対するそこはかとない期待が漂っていた。

　当時，私は数々の研修参加に勤しんでいた。習いたての心理療法を実践してみたい，そんなセラピスト側の願望が先んじている，まったく望ましくない状態であったが，幸いなことにと言うべきか，病院での業務は検査が多く

心理療法の機会は限られていた。

　そんな折，千載一遇のチャンスがめぐってきたわけである。白衣をはためかせ，走ってはいけない廊下を駆け抜ける。私は面接室で，技法の数々を駆使した。

　ところが，その患者は途中で怒り出し，面接室から出て行ってしまった。心理士の輝くばかりの専門知識は事態を悪化させただけだった。病棟スタッフの白い目が心理士に突き刺さる。患者は依存症で，自助グループのいわゆる「言いっぱなし，聞きっぱなし」の文化に馴染んでおり，心理士にはただ耳を傾けることだけを期待していたということだった。それが事前情報だったのか後からわかったことだったのか，記憶から欠落している。最も気に留めるべきことがおさえられていなかったことの証左である。

　その後，半年くらいの間だっただろうか。心理士への依頼は途絶えた。今なお，こうして思い出すたびに背筋が凍りつく。

ケース2　達人の教え

　同じ頃，私は幸運なことに，ある世界的チェロ奏者の公開レッスンの客席に，チェロなど触ったこともないのに，なぜか居合わせる機会に恵まれた。会場はクラシックのオーケストラ向け大ホールである。指導を受けるのは，コンクール優勝歴もある，音大生としては最高峰の実力を有しているという大学院生。ステージにはその音大生がチェロを抱え，一人スタンバイしている。客席は超満員。ほどなくして指導者役の著名チェロ奏者が笑顔で登場，簡単な挨拶を済ませた後，指導が始まった。

　「では弾いてみて」，そう指示をしたかと思うと，チェロ奏者はすぐにステージから降りて，客席をうろうろし始めた。「客に近づく，これは一種のファン・サービスということなのだろうか？」。ざわめく客席を尻目に，「さあ，弾いて！」，ステージに向かって大声を張り上げるチェロ奏者に唖然とする音大生。

　音大生は指示に従い，束の間，演奏をする。ほどなくしてチェロ奏者はステージに戻り，音大生の演奏を止めた。指導者は大いに音大生を褒め称える

と，いくつかの深遠な（＝素人にはよくわからない）アドバイスをした。そして，「ちょっと貸して，こう弾くんだよ」とばかりに，音大生の楽器をひょいと借り受け，立ったままチェロを弾き始めた。

「！！！」

その圧倒的な音律に，客席の誰もが度肝を抜かれたはずだ。音大生が弾いたのと同じ曲なのに，まったく違う曲に聞こえた。他人の楽器で，立ったままであるにもかかわらず，である。

チェロ奏者の名は，ヨーヨー・マ。客席から音大生の演奏を聞こうとしたのも，不安定な姿勢で楽器を弾いてみせたのも，パフォーマンスというより，ひとえに，「どう弾くかではない，どう聞こえるかである」，ということを伝えたかったからではないか，という気がした。

私は考えこんでしまった。事前に決められた技法や，「どうするか」ばかりに囚われていた当時の私には，氏の教えを理解し活かすことはほとんどできなかった。だからこそ，ということなのか，その後ずっと，あのチェロの音色は私の中で重く響き続けている。

おわりに

本章では，システミカリー・プラクティスとプラグマティズムについて述べた。肝心なのは，何をするかではない，何が起きたかである。そのスタンスさえ固守できるなら，システミカリー・プラクティスのもたらした資産はいかようにも運用できる。少なくとも，プラグマティズムの見地からはそう言わなくてはならない。

なんでもあり，ただし役立つものに限る。

東（2019）が示すそのニュアンスを，次章以降，読者には存分に実感していただけるものと確信している。

※1　Special Call for Papers: Emerging Trends in Systemic Family Therapy Around the World. American Association for Marriage and Family Therapy.（https://aamft.typepad.com/files/jmft.special.call-1.pdf）〔2025年1月19日閲覧〕

［文　献］

Andersen, T.（1987）The reflecting team: Dialogue and meta-dialogue in clinical work. *Family Process* 26(4): 415-428.

Anderson, H. & Burney, J.P.（1996）Collaborative inquiry: A postmodern approach to organizational consultation. *Human Systems: The Journal of Systemic Consultation and Management* 7(2-3): 171-188.

Anderson, H. & Goolishian, H.A.（1992）The client is the expert: A not-knowing approach to therapy. In: McNamee, S. & Gergen, K.J.（eds.）*Therapy as social construction*. Sage Publications, pp.25-39.（野口裕二，野村直樹訳〔1997〕『ナラティヴ・セラピー――社会構成主義の実践』金剛出版，59-88頁）

Bateson, G. & Bateson, M.C.（1987）*Angels fear: Towards an epistemology of the sacred*. Hampton Press.（星川淳，吉福伸逸訳〔1988〕『天使のおそれ――聖なるもののエピステモロジー』青土社）

Foerster, H. von（1973）On constructing a reality. In: Preiser, F.E.（ed.）*Environmental Design Research, Vol.2*. Dowden, Hutchinson & Ross, pp.35-46.

Foucault, M.（1975）*Surveiller et punir, Naissance de la prison*. Éditions Gallimard.（田村俶訳〔1977〕『監獄の誕生――監視と処罰』新潮社）

東豊（1993）『セラピスト入門――システムズアプローチへの招待』日本評論社

東豊（2019）『新版　セラピストの技法――システムズアプローチをマスターする』日本評論社

James, W.（1907）*Pragmatism and four essays from the meaning of truth*. New American Library.（桝田啓三郎訳〔1957〕『プラグマティズム』岩波書店）

Keeney, B.P.（1983）*Aesthetics of change*. Guilford Press.

Kim Berg, I. & Miller, S.D.（1992）*Working with the problem drinker: A solution-focused approach*. W.W.Norton.（白木孝二，信田さよ子，田中ひな子訳〔1995〕『飲酒問題とその解決――ソリューション・フォーカスト・アプローチ』金剛出版）

MacGregor, R.（1962）Multiple impact psychotherapy with families. *Family Process* 1(1): 15-29.

Maturana, H.R.（1978）Biology of language: The epistemology of reality. In: Miller, G.A. & Lenneberg, E.（eds.）*Psychology and biology of language and thought: Essays in honor of Eric Lenneberg*. Academic Press, pp.27-63.

Minuchin, S.（1974）*Families and family therapy*. Harvard University Press.（山根常男監訳〔1984〕『家族と家族療法』誠信書房）

Seikkula, J. & Arnkil, T.E.（2007）*Dialogical meetings in social networks*. Routledge.（高木俊介，岡田愛訳〔2016〕『オープンダイアローグ』日本評論社）

Watzlawick, P., Weakland, J.H. & Fisch, R.（1974）*Change: Principles of problem formation and problem resolution*. W.W.Norton.（長谷川啓三訳〔1992〕『変化の原理――問題の形成と解決』法政大学出版局）

White, M. & Epston, D.（1990）*Narrative means to therapeutic ends*. W.W.Norton.（小森康永訳〔1992〕『物語としての家族』金剛出版）

第2章

凡人としてのシステムズアプローチを極めたい

Sakamoto Masaya
坂本真佐哉

はじめに

　ここでは，私自身の歩みを振り返りながら上達のコツについてお伝えしたい。しかし，ご注意いただきたい。成長ロードマップに正解はない。誰しもが自分の通った道は美化しがちなので，ここでの話もあまり真に受けないようにしていただきたい。つまり，私のお伝えするシステムズアプローチ上達のコツその1は，「物事を鵜呑みにしない」，である。

　さて，システムズアプローチ（以下，SA）は名人芸，などと指摘されることがある。もちろん，心理療法は学術の世界なのでそのようなことはないだろうし，あってはならない。だから本書がある。しかし，それが誤解だということが今になってようやくわかるところもある。かくいう私自身もそのような名人芸に憧れてSAを学びはじめたことを正直に認めざるを得ない。

　もう少し正確に述べるならば，名人芸というよりも，とにかく「治せる」治療者になりたいと思っていた。当時（1980年代終盤から90年代にかけて）はちょうど，心理療法やカウンセリングについて，「治療」という表現が見直され，「援助」や「支援」との表現がみられはじめた頃でもあり，そのよう

な中で私はあえて「治す」にこだわりたいと思っていたフシがある。「治す」との表現がむしろ，治療者としての責任に思え，援助や支援と表現することが何かしら責任逃れのようにも感じていたことは否めない。「治す」は，もちろんSA的に表現するならば「変化を起こす」である。変化を起こせるセラピストを目指したかったわけだ。

　かくして，私はお笑い芸人のようにシステムズアプローチの門を叩いたのであるが，そこで目の当たりにした面接場面に大きな衝撃を受けた。会話の組み立てや働きかけ，立ち振る舞いに至るまですべて計算し尽くされ，切れ味鮮やか，まるで有能な外科医がためらいなくメスを振るう，そのように私の目には映った。そりゃ，「これができるようになりたい」と思うわけである。※1

　志願の入職からの1年間はとにかくはりきってはいたが，うまくいかないどころか，何をどのようにしたらよいのか，そのとっかかりすらまったくアイデアが浮かばない。システムが見えていないのでシステムを変える手掛かりが思いつかないのは当たり前であろう。職場の組織に慣れていく楽しさやその一員として動くことのやりがいを感じながらも，面接室では思うようにいかない苦しさにもがいていた。その時見えなかった「システム」とは一体何だったのだろうか。

私が考えるシステムズアプローチの立ち位置

　SAはよく，メタ理論であり，認識論であるといわれる。つまり，さまざまな心理療法のメタ（上位）に位置するものであるということ。SAが他の心理療法よりも優れている，などと言うつもりは毛頭ない。ただ，立ち位置が異なるということにすぎない。しかもかなり異なる。山の登り方のスタイルが違うなどというレベルではなく，そもそも登っている山が違う，というくらい違うのである。

　私がSAに関心をもったのはそもそも，さまざまな心理療法を学ぶうちに浮かんだ疑問による。それは次のようなものだ。精神分析や行動療法をはじ

め，業界には数多の理論や技法が存在するし，それぞれに効果があるように思われる。だとしたら，そこで生じていることには何かしら共通するものがあるのではないか。しかし，それぞれの理論は独立しているので，そこには何か別の視点が必要になるだろう。その視点から眺めることができれば，より効果的な働きかけができるのではないか，ということ。

　そこで出会ったのが家族療法であり（この時点では文献），SAであった。つまり，コミュニケーションという切り口や視点を用いればさまざまな理論で実践されている面接場面で生じていること，すなわち効果を及ぼす要素について説明できるのではないか，ということである。今振り返ると随分とおこがましい話だが，SAをメタ理論として位置づけるならば，あながち的外れでなかったかも。

　心理療法の諸理論を道具に例えてみよう。SAは道具の１つというよりも，言わば道具の構え方や用い方，はたまた道具を使う文脈やタイミングをどのように図るかについてのノウハウなどにあたるものだと考えられる。普通に考えるならば，それぞれの心理療法にはそれぞれの理論に即した目的があるので，「精神分析による行動療法」などというものはあり得ないだろう。しかし，少々乱暴な例えだが，SAに基づく精神分析やSAに基づく行動療法というものは理屈としてはあり得るかもしれない。実際に行うかどうかや良し悪しは別として。いずれにしろ，システムという概念を用いて，システムの変化を目標とするならばSAといえるだろう。

　ではシステムとは何を指すのか。正確でくわしいシステム理論の説明は他に譲るが，SAを実践するうえでセラピストの頭にある「システム」とは，コミュニケーションを眺めるある種の切り口（視点）であるといえる。コミュニケーションは，もちろん見聞きすることのできるものだが，どこをどのような切り口で眺めるのか，どのような意味づけを行うのかには，さまざまな選択肢が無限に広がる。さらにどの切り口や意味づけを選ぶのかは，セラピスト次第といえる。そしてそれが「枠」なのである。

そこに「枠」はあるのか(枠と枠づくりの話)

　さて，私がSA修行を始めた時，耳にタコができるほど叩き込まれたのは，「枠」や「枠づくり」という概念であった。事例についてディスカッションする際，上司の一人※2 (故人) から「枠は，どないなっとんねん」とよく指摘されたものである。ただ，この「枠」にはさまざまな意味や機能があると今になって理解できることがある。ここでは，それについて紐解いてみたい。

(1) 世界の捉え方としての枠
　私たちは，常に「枠（フレーム）」を通して現実世界を眺めている。メガネや窓枠に例えることもある。日常でも何かに偏見をもつことを「色眼鏡で見る」などと表現することもあるだろう。また，フィルターに例えることもある。しかし，フィルターは，そこを通る物質の一部のみを選んで通過させるものなのでメガネによる見方の変化とは微妙に異なるかもしれない。ただ，メガネにしろ，フィルターにしろ，人によって独自のものをもっているという点では共通しているだろう。

　つまり，登場人物の数だけ枠がある。この枠をどのように把握し活用できるのかが，SAにとっての肝といえる。これがジョイニングの成否に関わることは他でも述べられていることだろう。

　面接場面における枠の重要性に関して，苦い経験をもとに説明しよう。

　専門領域のつながりのあった知人から紹介を受けた家族が来談した。夫である一郎さん（仮名）と妻のヨシ子さん（仮名），そしてその子ども数名。面接室の椅子をいくつも補充し，満員状態。子どもたちはまだ小さく，落ち着いて座ることもままならない。子どもたちを落ち着かせることや，子どもたちからの話しかけや要求などに大人たちが応えることに時間が割かれるので，会話が進まない。それぞれの家族メンバーからは，ヨシ子さんが精神的な不調を抱えていると聞き取るのが精一杯であった。また，ヨシ子さん自身も不調については自覚もあり，今後への不安を抱えていると語った。

　面接室の状況もあり，仕方なく私は問題の中心とみられるヨシ子さんを別

室に招き，個別に話をすることにした。ヨシ子さんは，落ち着いて自身の状態について説明し，今後は個人面接を継続して行うことに同意した。「同意した」，あるいは望んだと思っていた。しかし，次の予約には訪れなかった。

　後に紹介者より，ヨシ子さんが「面接で自分が悪いと責められたのがつらかったのでもう行かない」と述べていると伝え聞いた。紹介者は，「カウンセラーが責めるなんて考えられないのに，おかしいですね」と申し訳なさそうに説明したが，もちろん責めたつもりのない私が一番困惑した。

　さて，この齟齬はどこから生じたのか。枠の問題として理解できるかもしれない。

(2) 治療契約や面接構造としての枠

　さて，私の空想，もとい仮説。それぞれの家族メンバーは，紹介者から「(家族療法だから)家族全員で行ったほうがよい」と助言されて予約を入れたかもしれない。予約時に，来談するのは家族全員であることを私は聞いていたはずだが，十分にそのことに注意を払ったとはいえず，さも当然のように受け止めたかもしれない。

　もしかしたら家族は，全員揃うことに膨大なエネルギーを使ったのかもしれない。大人の会話に子どもを同伴することについても随分と迷ったかもしれない。高齢の両親に心配をかけることにもためらいがあったかもしれない。

　予約された際に，面接当日に来談するメンバーが誰であるのかについてもっと注意を払い，無理のないメンバー構成かどうか吟味し，場合によっては予約者に連絡を取り，メンバー構成に無理があるならば，再度調整すべきだったのではないだろうか。

　また，家族メンバーのいくらかは，ヨシ子一人のメンタルの問題なのにどうして家族みんなで出向かなければならないのかと疑問をもっていたかもしれない。別のメンバーは，一郎が家事や育児の面でヨシ子に協力しないことが問題であるから，一郎とヨシ子の二人が面接に出向くべきだと思っていたかもしれない。ひょっとしたら別の誰かは，ヨシ子と一郎の母が葛藤状況にあることが問題であると感じ，嫁姑の問題なのでその二人が行くべき，と思

っているかもしれない（これはかなりの憶測どころかそれ以上）。はたまた，誰が面接に出向くのかをめぐって，家族の中でいくつかの揉め事などが生じたかもしれない。

いずれにしろ全員でカウンセリングに出向いた家族は，全員が赴くことに戸惑いをもったまま面接室に入り，不本意なままに問題を語ったかもしれない。その挙げ句，大した説明もないまま，ヨシ子さんは別室に呼び出され，他のメンバーは置いてきぼり。次回の予約が決まり，ヨシ子さんのみが来談することになったわけである。ヨシ子さんは，無理して同伴してくれた家族メンバーに対して後ろめたい思いや気まずいような思いをもったかもしれない。自分のせいでみんなが時間を割いて集まり，結局自分だけの「問題」だと改めて決めつけられたように感じたかもしれない。そのような流れの中でヨシ子さんは，セラピストの「役に立たなさ」を強調することで家族との関係を調整しようとせざるを得なかったかもしれない。実際，家族一人ひとりを十分にケアできておらず，また家族の意向に沿った方向性を示すことができなかったセラピストに頼りなさを感じたことだろう。

つまり，面接の場において，どのようなメンバーで，何のために会話を進めるのかは，それぞれのメンバーの枠を抜きにして考えられない。それぞれの枠を踏まえたうえで，あるいはそれらを擦り合わせ，会話を進めることへの合意形成を行うことが「枠づくり」ということになる。

馴染みのある表現では，インフォームド・コンセントともいえるだろうが，私のイメージでは枠との表現がもう少し広い概念のように感じるので，そのあたりについても触れてみたい。

（3）限界設定やリスクマネジメントとしての枠づくり

臨床の現場では，さまざまな行動化へのリスクについて想定しておく必要が生じる。とくに思春期臨床では，そのような場面も多いだろう。

行動化が大きなリスクを含んでいる場合や合意した方針とは異なる方向に向かう可能性がある場合に，その対処としての枠を設定しておくことが望ましい場合があることは今さら言うまでもないだろう。

たとえば，自殺企図をはじめとした自傷他害や摂食障害において生命を脅かす体重減少など。それらの事象が生じた際に，どのような対処を行うのかについてあらかじめ話し合っておくことが枠づくりとなり，合意事項にもなり，同時に歯止め（枠）にもつながるだろう。

しかし，この枠が，ただ行動を制限し，ペナルティとしての意味合いとなるならば，十分に機能するとはいえまい。そこに当事者や関係者とされる人たちの枠，つまりは希望や願いが反映されていることが大切である。

ある若い女性は，再三訪れて面接を希望し，応じた会話では自殺の可能性を仄めかしていた。リスクの回避で頭がいっぱいだった私は，ひたすら入院や家族への協力など保護することを提案するが，頑なに拒否される。何度も同じやりとりを繰り返し，ついにはなすべきプランも底をつき，気まずい雰囲気と言いようもない不安を抱えたまま面接を終えることしかできなかった。

しばらくして，その女性は道端で倒れているところを救急車で搬送され，入院となった。後に得た情報を総合すると，自宅で両親との折り合いが悪く，両親に何かしらの協力要請をすること自体が両親との関係をさらに悪化させることにしかならないことや，そもそも自宅に彼女自身の居場所を見出すことができなかったことなどがわかった。しかし，当初の面接の場でそのようなことは語られず，ただひたすら希死念慮を語る女性にセラピストとしての私はあたふたするばかりであった。リスクの回避からもう少し想像力を広げて彼女の枠に触れ，彼女が安心できるような枠づくりができれば，また違ったプロセスになったのではないかと振り返る。

（4）次の一歩を踏み出すための枠づくり

たとえば，もう少しで次の段階に進めそうなのに次の一歩が踏み出せないでいる場合に，背中を押すような枠づくりを行うこともあった。不登校の問題で，登校に関してのリスクは見当たらず，学校の受け入れもできていると本人も家族も認めている状況で，どうしても次の一歩が出ない。本人は登校への意欲を認めているが，何が足止めしているのかがなんとも判然としない。何か背中を押すものがあれば登校できるかもしれない，という話になった。

視線はセラピストに集まる。セラピストは、「効果的だと思われる方法がありますが、やってみますか？」と切り出した。「やりますが、どんなことですか？」と父親。セラピストは、「やると約束してからお話しします。ケガをしたり、痛い思いをするとか、生命への危険はありません。お金がかかるものでもありません」と伝えた。
　家族は相談を始めた。父親が家族皆の顔を確認し、「やってみよう」と決断した。再度、中学生の子どもの目を見ながら、「やってみよう」と励ますように返事を促した。子どもはまっすぐな眼差しで同意した。
　家族に提案したのは、登校できなかった日は電気を使用しないで生活をするというものだった。さすがに現代社会なので、炊飯器や風呂沸かし、洗濯などの例外は設けた。主に、電灯やテレビなどをつけないということ。
　結果は、1日か2日のみ電気を使用しなかった日があったが、それ以外は登校できたことが報告された。電気の使用をしないというアイデアは、それまでの家族の話から、大好きだったゲームやテレビの視聴ができなくなることが中学生の背中の後押しになるのでは、と考えたからだった。しかし、興味深いことに、電気を使用しなかった日にロウソクの灯りでテレビをつけずに食事をとったことで、それまで話さなかったようないろいろなことを家族で話す機会になった、と後に報告された。家族にとってはそのような経験にこそ意味を見出したようで、実際に家族関係は以前にも増してよくなり、子どもは元気に登校を続けることができた。
　このような枠づくりは先輩セラピストの実践や文献などを見様見真似で行ったことだったが、家族や本人に強制的にならないように多大なエネルギーを使うことは言うまでもなく、またこのような提案が受け入れられるような家族の雰囲気や家族とセラピストの関係性が大きく影響する。つまりは枠（文脈）である。
　また、ここでの枠づくりは、次の一歩を踏み出すための「何か」を行うことを決断する話し合いのプロセスをつくることだと思っている。ペナルティ（のような）としての電気使用禁止が枠ではない。解決への一歩を踏み出すための気運が醸成され、実行することに向けての会話、合意のプロセスが動

きはじめたことに意味があったと考えている。

　ここまで，枠や枠づくりの機能や意味合いについて述べてきたが，別に心理療法に枠や枠づくりといった概念が必要なので取り入れるように，などと言うつもりはない。また，枠はフレームと表現されることもあるだろうし，文脈やディスコースという表現が妥当である場合も多いだろう。

　ただ，ここで強調したいのは，セラピストの立ち振る舞いはすべて枠に影響するし，影響される。また，知らず知らずのうちに枠づくりになってしまっていることもある。常に自分がどのような枠をもち，誰のどのような枠を対象とし，どのような枠づくりをしようとしているのかについて意識することが，どのようなセラピーを行うにしても大切であるということ。この観点からすれば，たとえば，来談の頻度について合意することすらも枠づくりといえる。なぜ毎週なのか，あるいは月に1回なのか。それをクライエントが決めるのか，あるいはセラピストが提案するのか。提案であれば，どのような意味づけや妥当性がそこにあるのか。その場合でもクライエントの枠を無視して決めることができないことは言うまでもない。

　ついでに言うならば，私にとって修行中の時期は，組織の中で働くことについてさまざまに学ぶ機会があった。いまどきの言葉で言うならば多職種連携となるが，組織の枠，他職種の枠，利用者（クライエント）の枠，同僚の枠のそれぞれを意識して振る舞うことが必要となる。

　上達のコツその2は，「自分の枠，相手の枠，そして枠づくりを意識せよ」，である。

　このように，会話のプロセスが枠であり，そのようなプロセスを提供することも枠づくりであると理解できる。私自身が次の職場で働く頃には時代の流れの中，心理療法には新たな枠が提示され，さらにそれらを意識するようになる。

会話のプロセスという枠

(1) 解決の会話という枠

　システムとして眺める視点の対象は，家族システムや関係者システムのほか，当然ながらセラピストを含めた治療システムが最も重要なものとなる。重要というのは，最も変化できる可能性が高いということである。

　1990年代初頭，わが国にソリューション・フォーカスト・アプローチ（以下，SFA）が紹介され，一気に関心を集めた。解決に焦点を当てた会話を展開するというもので，極端なところ，問題のことは知らなくてもよいということで多くの人に衝撃を与えたと思うが，私自身もそのインパクトを忘れることはできない。

　たとえば，夫婦ゲンカを主訴として来談したカップルがいるとしよう。セラピストとしての私は，ケンカの様子を事細かに聞くことから始めただろう。1週間に何回くらいケンカするのか，一度ケンカが生じるとどのくらいの時間続くのか，またケンカの程度はどのようなものか，どちらかがケガをすることがあるのか，モノが壊れるのか，など。ケンカについて事細かに聞くことで，程度を評価したり，どこかに解決の糸口がないのかを探すことになっただろう。

　しかし，SFAでは，ケンカの内容を聞く必要はない。周知のように，むしろケンカのない時（例外）についての質問を行い，そこに解決の糸口を探る。また，夫婦の問題点に注目するのではなく，リソースに注目する。セラピストが問題に注目して問題解決を探ろうとする通常のプロセスからすれば，まさにコペルニクス的転回である。

　解決を焦るあまり，ソリューション・フォースト（解決の強制）の状況になるといったリスクをはらんでいるものの，解決構築を会話プロセスのパッケージとして見るならば，実によくできた枠であると感じる。

　SFAは質問を中心として進められる。当然ながら質問そのものには相手への強制性があり，質問されたほうはその内容や方向性への反応を強いられることになる。解決について質問された人が，親子丼の作り方を語ることは

ない。ブリーフ・ファミリー・セラピー・センター（BFTC）にて，予約してからカウンセリング開始までの間で何かしらのよい変化が生じたかどうかについて尋ねたところ，66％のクライエントが何かしらの改善を報告したという話は有名である（Miller & Berg, 1995）。この数値の解釈にもさまざまなものがあるだろう。クライエントらのリソースによるとの見方や，カウンセリングに対する期待，予約できたことへの安心感などを要因としてあげる人は多い。しかし，私は最大の要因は，そのことについて質問したことであると考えている。質問しなければ「よい変化」について振り返ることも語ることもないのである。

さらに強力な枠は，何よりも収束ポイントが「本人の望む」解決であるということである。誰しも肯定的な望みをもっている。「死にたい」という一見否定的としか思えないような望みを語ったとしても，その裏側には「楽になりたい」という肯定的に置き換え可能な望みがあるだろう。たとえば，クライエントから，「先生は私のつらさを少しもわかってくれないのですね」と言われたとしよう。それを，治療関係がこじれた状況として捉えることもあるだろう。または，クライエントの依存性の問題が出てきた，とか，セラピストの逆転移が影響している，などの見方もあるだろう。もちろん，どれも間違いではない。しかし，面接の場でそれら仮説の妥当性を確かめようとすること自体，個人の内面の事象に入っていかざるを得ない。その結果としてさらに「こじらせ」を強めることになり得る。このような場面で痛い思いをしたセラピストも多いのではないだろうか。そこでSFAである。SFA的な質問は，「どのようなことが起こったら，私があなたのつらさを今よりも理解できたとわかるでしょうか？」となるかもしれない。

クライエントとしては，自分の訴えをまともに取り合ってくれない，とさらに不満を強く訴えるかもしれないが，注意深く，そこに至るまでの文脈（枠）を十分に承認し，面接における会話の目的，クライエントの望むゴールの会話に立ち戻り，丁寧に話し合うことで，こじらせの状態から脱する可能性が広がるだろう。

（2）クライエントに敬意を払うという枠

　「問題の外在化」は，言わずと知れたホワイトら（White & Epston, 1990）によるナラティヴ・セラピー（以下，NT）における会話のプロセスであるが，どちらかというとわが国（というと大げさか）で注目を集めたのは東（1997）による「虫退治」であったかもしれない。

　SAの修行中，切れ味鮮やかに技法を使いこなせるようになりたいともがき苦しんでいた時に出会ったのがこの虫退治であったように思う。私にとってSAが難しいと感じたのは，ジョイニングして（あるいはしつつ）システムを見立て，仮説を立て，システムが変化するようなアプローチを考え出し，効果的なタイミングで働きかける，というプロセスを会話の流れの中で行うという複雑さであったと振り返ることができる。つまり，いくつもの作業を同時並行的に，しかも会話を進めながら頭の中で行い，また，治療システムについてメタ的に自分を眺める視点も同時にもたねばならないといった重層的で多忙な脳内作業になるわけである。まるで，大きな球の上に乗ってバランスをとりながら両手でジャグリングをし，お客さんと会話をしてさらにはステージ全体に目配せしているような（少し違うかも），そのさらに上を行くような難しさだと感じた。

　熟練するとは，それらを一連の流れの中でできるようになることなのだと今になって思うが，プログラムも未熟で十分に働けないOS（パソコンのオペレーションシステム）を抱えていたような私には，焦りばかりが先行していたと思う。要するにシステムに関する仮説やアプローチのプランを家族とうまく共有できるようなものに擦り合わせることが困難であった。

　そんな中，ある日もう一人の上司[※3]の面接に同席した際，「これだ！」と思うアプローチに出会うことになる。その面接には，さまざまな行動化の問題（とされていた）を抱えた娘とその母親が参加していた。母親は娘の問題を語り，娘は反発する。両者が対立状況にあることくらいは，私にもわかる。最もシンプルな仮説だ（というか事実）。この状況での会話の中心は，「イライラ虫にやられている」との説明と，虫に負けないための方法の打ち合わせ。おそらく「虫退治技法」の萌芽的なアプローチだったのではないかと思うが，

システムの事細かな仮説を不要とし（そう見えた），虫に負けないという枠で家族内の葛藤状況を解消し，しかもセラピストとクライエントや家族とに生じ得る葛藤状況を「虫のしわざ」として回避することも可能となる。つまりは，セラピストの頭にあること，クライエントへの説明，そして家族への説明をすべて一致させることができるので後ろめたさがない。私は，その後ろめたさのない面接での会話を密かに「腹割りセッション」と心の中で名づけ，その後も多用することになる。

　ただし，途中からNTの「問題の外在化」が気になりはじめ，そこから学びはじめるとまた違った角度で外在化について眺めるようになった。それは，大げさに言うならば，クライエントとセラピストの関係性の枠ということに集約できる。

　まず，多くの心理療法の「常識」からすれば，「問題」はクライエントの中に存在する。セラピストはその問題をなくすか変えるかする立場にあるが，その枠自体がセラピストの立ち位置をクライエントの上位に置くことになる。つまり，知っている者と知らざる者の勾配が生じる。問題を外在化する会話によって，セラピストはその上位の立場を放棄し，問題に苦しめられているクライエントと横並びとなり，主にクライエントから問題への対抗について教えてもらい，その会話を広げることを支援の柱とする。

　つまり，外在化する会話を実践すること自体が，クライエントに敬意を払う会話のパッケージ（枠）になる，と私は理解した（坂本，2019）。「セラピストとクライエントは対等ですよ」などと援助者側がいくら声高に強調したからといって対等になるわけではないだろう。クライエントからすればセラピストは先生であったり，アドバイスしてくれる人なのである。ましてや，「カウンセリングはアドバイスをするものではない」などと説明しても意味はない。クライエントは来談をやめるだろう。

　しかし，外在化する会話のプロセス自体が，クライエントに敬意を払うという枠として機能すると考えると，これまたよくできた枠なのである。

　SFAにしろNTにしろ，当事者の問題点に目を向けない，という点で人道的観点からの好ましさに注目する向きもあろうが，このように枠として見る

ならば，その機能が明確になり，より効果的に用いることができるのではないだろうか。

　上達のコツその3は，「会話のプロセスとしての枠を意識せよ」，である。

(3) 会話を広げるという枠（リフレクティング・プロセスとオープンダイアローグ）

　年代としては前後するかもしれないが，会話のプロセスという点で重要だと思うので少しだけ触れておきたい。

　面接での対等性について前段で触れたが，なぜ対等性が大切なのだろうか。もちろん，人類皆平等，という人道的立場からの価値観は否定しない。しかし，心理療法において対等性の意味を考えた時，それは会話のプロセスそのものに大きく影響し得る要素だと私は考えている。つまり，対等性が担保されることで会話は広がり，クライエントとセラピストの双方が，新たな視点やプロットを見出すことが可能となる。

　リフレクティング・プロセス（Andersen, 1991）では，クライエント家族は観察チーム（リフレクティング・チーム）の会話を「聞いてもよいし，聞かなくてもよい」と教示される。心理療法の場で，セラピストの話を聞いてもよいし，聞かなくてもよい，と教示する例を私は他に知らない。つまり，聞くか聞かないかはもちろん，取り入れるかどうかの選択権は当事者や家族にある，ということだ。ここにも勾配の高いほうに居座ることをセラピストが放棄するという枠が提供される。

　また，オープンダイアローグ（以下，OD）でも，セラピスト（と呼んでよいのかどうかすら疑問だが）は，専門家としての結論めいたことを言わず，会話の中にとどまることが求められる。しかし，不思議なことにセイックラ氏は，ODの支援者は家族療法の素養があることが望ましいとしている（斎藤, 2015）。専門家としてのコメントや働きかけを行わないのに，そこに求められる家族療法家としての専門性とは何だろうか。私の勝手な解釈では，個人内の病理や問題として扱わないという枠と，余計なことをしない（「知っている立場」に立たない）という専門性ではないかと考えている。逆説的だが，

困っている人を前にして余計なことをしないことほど高度な専門性はないだろう。

　つまり，対等性が担保されるという条件が揃い，会話が広がることができれば，クライエントや家族はおのずと好みのプロットやストーリーを見出し，望む方向に動いていく。そのような会話のプロセスを提供することが専門性であるといえないだろうか。

　上達のコツその4は，「会話の力を信じて会話を広げよう」，である。

おわりに

　個人的な経験をもとに，システムズアプローチについて考えていることを「枠」という概念を用いて説明を試みた。説明不足や言いすぎている点があればご容赦願いたい。

　「システムズアプローチは操作的だ」などという声を聞くこともある。しかし，枠のない支援は存在しないし，するべきでないだろう。それを「操作」と表現するかどうかは語り手の枠による。また，SFAやNTについて，クライエントの語りを解決の話のみに制限しているのではないか，という声を聞くこともある。しかし，クライエントが語りたいことを語っているかどうかについて，私たちは一体どうやって知ることができるのだろうか。「ご自由にお話しください」と言われたからといって本当に自由に話せるかどうかは，それこそ枠（文脈）によるのである。極端なところ，不本意に来談したクライエントに「ご自由に」などと言っても自由に話せるはずはない。

　私たちは，クライエント自身が新たな枠を見出すことができるように支援をしていることに違いはないが，相手の枠を変えようとする枠そのものが事態を難しくすることも経験している。最も容易に変えられるのはみずからの枠でしかない。会話の力を信じて，「ほう」とか「おー」などと驚くようなプロットやストーリーを探すべく会話を広げることが，セラピストみずからの枠を変えることにつながる。クライエント自身は見慣れていることでも，セラピストの驚きによって新鮮な一面が見えてくれば新たな地平が広がる

（坂本，2024），そのような体験が共にできるような枠を見出していきたい。

上達のコツその5は，「会話の中に驚きを見つけよう」，である。

※1　わが国の家族療法のパイオニアの一人である牧原浩氏が思春期青年期への精神医療の専門病院として開設した小郡まきはら病院。東豊氏，和田憲明氏などが在籍。
※2　和田憲明氏（故人）のこと。入院治療を治療の「枠」としてストラテジックな側面について解説した論文（和田他，1990）がある。
※3　本書の編者の一人である東豊氏のこと。

［文　献］

Andersen, T.（1991）*The reflecting team: Dialogues and dialogues about the dialogues.* W.W.Norton & Company.（鈴木浩二監訳〔2001〕『リフレクティング・プロセス―会話における会話と会話』金剛出版）

東豊（2019）『新版　セラピストの技法―システムズアプローチをマスターする』日本評論社

Miller, S.D. & Berg, I.K.（1995）*The miracle method: A radically new approach to problem drinking.* W.W.Norton & Company.（白木孝二監訳〔2000〕『ソリューション・フォーカスト・アプローチ―アルコール問題のためのミラクル・メソッド』金剛出版）

斎藤環著・訳（2015）『オープンダイアローグとは何か』医学書院

坂本真佐哉（2019）『今日から始まるナラティヴ・セラピー―希望をひらく対人援助』日本評論社

坂本真佐哉（2024）「ナラティヴ・セラピーにおけることばと会話（第40回福岡大会特集　学会企画シンポジウムⅠ　家族療法・ブリーフセラピーにおける"ことばと会話"）」『家族療法研究』41巻，24-25頁

和田憲明，大西公二，東豊他（1990）「家族療法から見た『入院治療』のstrategicな一面」『家族療法研究』7巻，125-130頁

White, M. & Epston, D.（1990）*Narrative means to therapeutic ends.* W.W.Norton & Company.（小森康永訳〔2017〕『物語としての家族　新訳版』金剛出版）

第II部
心理臨床の実践から

第3章
私が変われば相手が変わる
──相互作用を活用する魅力

Takai Megumi
髙井　恵

はじめに──システムズアプローチとの出会い

　システムズアプローチとの出会いは，大学生の頃まで遡る。大学入学当初は，いわゆる伝統的な心理療法に興味をもって（というよりも，それしか知らずに）いたものの，システムズアプローチの考え方に偶然出会った瞬間から，私の興味は完全にシステムズアプローチの世界に移っていった。
　システムズアプローチを志向する多くの臨床家は，おそらく最初に伝統的な心理療法，精神療法と出会い，伝統的な考え方や振る舞い方を学び，その後にシステムズアプローチと出会うのではないだろうか。そこではおそらく，認識の大転換を求められ，自分自身のこれまでの臨床家としての振る舞いや思考を大きく変えなければならない，という経験をするだろう。私はといえば，さまざまな偶然が重なった結果（第一志望の大学に落ちた結果），たまたま入った大学で自分自身が臨床を学び始める時点で，システムズアプローチの認識論と出会うことができた。これが「第一志望の学校に落ちてよかった」という，リフレーミングを体感できた最初の出来事ともいえよう。
　ところで，なぜシステムズアプローチにそこまで興味をもつようになった

のか。そこにはいくつかの要因があったように思うが，最も興味をひかれたのはシステムズアプローチの認識論の中でも「円環的思考」「悪者探しをしない」の2点だった。

　円環的思考とは，どちらも原因とも結果ともなり得る，という考え方で，この考え方を用いると，なるほど，どちらも悪者（原因）としようと思えばできるが，悪者はいない（原因などというものはない）と考えることもできるのである。

　それまで，座学として学んでいた「現在の問題が生じている原因は幼少期の母子関係や家族関係あるいは生育歴にある」という考え方にいまひとつ乗り切れなかった私は，このシステムズアプローチの考え方に大きくひかれた。なぜこの理論に乗り切れなかったのかといえば，それなりにいろいろとあった大学までの人生経験を経て心理学の講義を受ける中で，「生育歴に問題があろうが，幼少期の母子関係や家族関係に問題があろうが，それって今さらどうしようもないじゃないか，なんだか救いがないな」という単純な感想をもっていたからだろう。

　システムズアプローチの認識論であれば，相互作用を起こしている対象との間では，どちらかが変化すれば連鎖的にもう一方も変化する，つまり，一番変えやすい自分を変えることで状況に変化を起こせる，という期待が生じるのだ。

　もう1つ，当時の恩師が言っていたことで強烈にシステムズアプローチにひかれた理由を思い出した。

　「伝統的な心理療法は立派な人格じゃないとできない。でも，システムズアプローチはどんな性格でも人格でもできる！」

　もちろん，今となっては冗談だとわかるが，当時の私には「こんなにつまずいてばかりの私でも臨床家になれるかもしれない」という希望が湧いてきたのである。

システムズアプローチの魅力

　システムズアプローチの魅力の1つとして，切り取り方や捉え方（この切り取り方や意味づけの仕方を「枠組み」と呼ぶ）によって目の前の現象に異なる意味づけがなされ，現象自体は同じでも，意味づけが変われば，問題として語られていたことが問題として語られなくなる，という考え方が挙げられる。「枠組み」については次の節でくわしく述べるが，このような発想の自由さがシステムズアプローチの魅力であり難しさであるといえよう。

　振り返ってみると，これまで心理臨床を続けてきた中で，システムズアプローチを自分のオリエンテーションとして選択し続けている理由は，「自分が変わればよい」というとてもシンプルな考え方にあると思う。

　私が理解しているシステムズアプローチのセラピストは，問題とされている状況が問題とされなくなるために，セラピスト自身を最大限に活用しようとする。セラピストから発せられる言葉だけではなく，表情や姿勢，動き，すべてを活用するのである。システムズアプローチのセッションを見る機会があった方にはきっと同意いただけると思うが，システムズアプローチを実践するセラピストは，表情や身体の動きが大きい。初めてシステムズアプローチのロールプレイを見た学生が「セラピストってこんなに動いていいんですか？」と驚いていたことがあったが，その感想を聞くまで，私はセラピストの動きの大きさにまったく疑問をもたなかった。最初からシステムズアプローチを学んできた私にとっては，表情や姿勢，動き等ノンバーバルな要素も含めて，セラピスト自身を活用することがあまりにも当たり前だったからである。

　ところで，私が臨床を行う中で最も重視しているのは，「枠組み」を把握する，意識するということである。これは，初学者の頃から変わらない。では，「枠組み」とは何なのか。それはシステムズアプローチの基本的かつ最も重要な概念といえるだろう。

「枠組み」を理解する——システムズアプローチの基本の「き」

　「枠組み」とは，簡単にいえば物事に対する意味づけの仕方であり，小さなものから大きなものまで幅広い。使い古された例で申し訳ないが，目の前のコップに水が半分入っているという事象で考えてみよう。「半分も入っている」と捉える人，「半分しか入っていない」と捉える人，「これは水じゃないかもしれない」と捉える人などさまざまであろう。1つの事象に対して，いくつもの捉え方，言い換えれば意味づけの仕方があり，これがいわば「枠組み」と呼ばれるものである。システムズアプローチではこの「枠組み」という考え方を身につけられるかどうかが成否を分けると言っても過言ではないと私自身は考えている。この「枠組み」を理解するためには，相手の置かれている状況やこれまでの人生といった背景，つまり文脈への理解も必要になってくる。

　コップの水の例えでいえば，通常「半分も入っている」という回答がポジティブな受け止め方として，「半分しか入っていない」という回答がネガティブな受け止め方として示されることが多いだろう。では，ここに以下のような背景情報を付け加えてみるとどうか。

　　一人の青年が，大食いチャレンジに挑戦した。10人前はあろうかという量の食事をなんとか口に収め，お腹もパンパンになっている。ちょっとでも動くと逆流しそうである。このチャレンジでは，添えられた飲み物もすべて飲み干す必要がある。飲み干せば賞金がもらえる。制限時間はあと少し……目の前のコップには水が半分残っている……青年は思った。
　　「半分も入っている……」

　こうなると，「半分も入っている」という回答は，がぜんネガティブな印象が強くなるのではないだろうか。かなり雑な例ではあるが，これがいわゆる文脈である。クライエントがどのような背景をもち，どのような文脈の中で，どう発言したのか，それも含めてクライエントの「枠組み」を理解して

いく必要があるのだ。

　なぜここまで私が「枠組み」を重視するのか。それは，私がシステムズアプローチを学ぶ中で，初学者の頃に耳が痛くなるほど，いや，空耳で聞こえてくるほど「枠組み」を意識するトレーニングを受けたからであり，かつそれが非常に有効だった（むしろそれがなければ今の私の臨床はない）と感じているからである。

　システムズアプローチでは，ジョイニングが重要とよくいわれるが，ジョイニングを行うためには，まずこの「枠組み」を理解しなければならない。ジョイニングする，つまり相手に合わせるためには，当然ながら相手の「枠組み」を理解しないと合わせようがないのである。有名な技法の1つであるリフレーミングにしても，「枠組み」を変えるためにはそもそもの「枠組み」の把握が必須である。これは当たり前といえば当たり前なのだが，なかなかどうして，これができないのが初学者なのである。そもそもの「枠組み」が把握できていないのにリフレーミングをしようとすると，多くの場合は相手にまったく入らない。精神的な不調を訴えている人に「気の持ちようだよ！」「前向きに考えよう！」と一方的に「枠組み」を提示したところで，「ああ，この人にはわかってもらえない」と落胆されることはおわかりだろう。

　ここまでわかりやすいものであれば，少しでも心理臨床の世界に興味をもった人であれば（あるいはまったく興味のない人でも），「ああ，なんて効果のない助言なんだ。むしろ逆効果だ」と気づけるだろう。

　では，次のような会話はどうだろうか。ある初学者セラピストと「ひきこもりが長引いていて何もできない自分が嫌だ」と訴えるクライエントとの会話である。

初学者の会話　その1
　　セラピスト①　　：この1週間はどう過ごされましたか？
　　クライエント①：そうですね，まあとくに変わらず。コンビニに買い物に
　　　　　　　　　　出かけたくらいです。

セラピスト②　：すごいですね！　買い物に行けたんですね！
　クライエント②：全然すごくないです。コンビニくらい誰でも行くでしょ。僕はこんなことくらいで褒められるほど何もできてないんですね……。
　セラピスト③　：……。

　この初学者セラピストは，相手のできているところを拾って肯定的にフィードバックする，という方法を学んだばかりだった。そこで，ひきこもっていて何もできない自分が嫌だというクライエント①の発言の中で，できたこととして「買い物に出かけた」に注目し，勉強した通り，②で肯定的にフィードバックしたのである。しかし，クライエント②にあるように，どちらかといえば否定的な反応が返ってきてしまった。
　なぜこのようなことが起こるのか。それは，やはり「枠組み」の把握をおろそかにしているからだろう。「枠組み」を把握することをより意識するとどうなるのか。

初学者の会話　その2

　セラピスト①　：この1週間はどう過ごされましたか？
　クライエント①：そうですね，まあとくに変わらず。コンビニに買い物に出かけたくらいです。
　セラピスト②　：コンビニに買い物に出かけることは，特別ではない感じ？
　クライエント②：そうですね，いつもしていることなので，いつも通り，とくに変わらないですね。
　セラピスト③　：そうなんですね。では，この1週間とくに変わらず過ごせたことについてはどう思います？
　クライエント③：まあ，とくに大きい出来事もなかったし，良くもなかったけど悪くもなかったかな。現状維持ですね。

最初の会話と比べると，ずいぶん慎重に会話を進めているのがわかるだろう。「枠組み」を丁寧に把握していくと，クライエントのすでに行っている努力やよいと思える変化があったとしても，最初の会話のように安易に褒めてしまい，クライエントから否定的な反応が返ってくる（つまり，外す）ことを避けられる。まずは，クライエントの「枠組み」に合わせる，これが基本である。

　次に，しっかりとクライエントの「枠組み」に合わせながら，かつ肯定的にフィードバックをしたい，という意図をもって会話を進めるとどうなるのか。

初学者の会話　その3

　セラピスト①：この1週間はどう過ごされましたか？
　クライエント①：そうですね，まあとくに変わらず。コンビニに買い物に出かけたくらいです。
　セラピスト②：とくに変わらず，ということは，これまでもコンビニへは割と買い物に出かけているのですか？
　クライエント②：まあ，はい。一応毎日行っています。
　セラピスト③：毎日？　何か必要なものがあってって感じですか？
　クライエント③：いや，少しでも外出したほうがいいかなって思って……。
　セラピスト④：というと？
　クライエント④：うーん，ずっとひきこもっていると外に出るのが怖くなってくるので，少しでも外に出ることは続けていたほうがいいかなって思って。コンビニくらいだったら行けるかなって。
　セラピスト⑤：ご自分でできる範囲のことを見つけて，すでに実践されているんですね！

　この会話では，セラピスト②で「とくに変わらず」「買い物に出かけた」の部分，つまり，ひきこもりを主訴にしているクライエントにとって，コン

ビニに買い物に出かけることが普通の日常として語られているらしいことに着目している。ここでセラピストは，クライエントが当たり前と思っているコンビニに買い物に出かけていることを，ひきこもりという主訴に対する例外的なエピソードとして，肯定的にフィードバックができる可能性を見出したのである。そこで，コンビニへの買い物というエピソードについて，クライエントの「枠組み」に合わせつつ，クライエント自身がコンビニに行くという行動をみずから選択して動いている，という文脈になるよう質問を進めている。すると，クライエント④では，クライエントがひきこもりに対抗するための努力としてコンビニに出かけていることが思いがけず語られたのである。

　このように，クライエントの「枠組み」を把握しようと意識できているかどうかは，初学者の時にはとくに重要になってくるだろう。前述したように，クライエントの「枠組み」に合わせることがジョイニングには不可欠で，この「枠組み」を把握するという意識をもてるかどうか，これがジョイニングの得手不得手とも関係しているように思う。もちろん，面接経験を重ねると，そこまで丁寧に確認しなくてもおおよその「枠組み」はわかるようになってくるだろうし，もともとなんとなく把握できてしまう人もいるだろう。後者に至っては，なんとなくジョイニングができてしまうので，最初からジョイニングが上手なジョイニング名人のように見えるかもしれないが，意識して合わせられているわけではないので，一度ボタンを掛け違えると，何がずれているのかもわからないまま，〈初学者の会話　その1〉のようにクライエントから否定的な反応が返ってきたり，意図せぬドロップアウトを引き起こしたり，といったことが起こりかねない。

　「何かずれているな」「何かうまくはまっていないな」と感じる時は，クライエントの「枠組み」を把握し直すことが多くの場合有効になるだろう。

　ところで，ここで示してきたように，会話の最初のターンは同じでも，セラピストの質問の仕方や反応の仕方によって，その後の会話の展開は変わっていく。すなわち，私（セラピスト）が変わるだけで連鎖的にクライエントに変化を生じさせることが可能なのである。これが，システムズアプローチ

の難しさでもあり魅力でもあると，私は思っている。
　私（セラピスト）を変えることは相手（たとえばクライエント）を変えようとするよりもはるかに簡単である。とはいうものの，多くの人は自分自身の価値観や人生観（いわゆるセラピスト側の「枠組み」）をそう簡単には変えられないのではないだろうか。自分自身の価値観や人生観さえ1つの「枠組み」だと捉え，頭の中を柔軟にしていくことが，私（セラピスト）をセッション内で活用するためには最も重要であろう。
　ここで，私がこれまでにセラピスト－クライエント間で，とくに私（セラピストの「枠組み」）が変わることが有効だったと考えている事例について，「枠組み」に焦点を当てながら紹介したい。

「課題をください」と希望する女性

　以下に示すのは，私（以下，セラピスト）が医療機関で勤務していた際，同僚の心理士（以下，スズキ先生〔仮名〕）が産休に入るということで引き継いだ事例である。

　花子さん（仮名，20代女性）は以前勤めていた会社で，社長からのハラスメントに耐えられず辞めていった同僚をフォローできなかったことに対して罪悪感を抱いており，業務中に何度も確認したり気分が落ち込んだりという症状が出始め，それが家でも続くようになり，さらには休んでいても落ち着かない，涙が止まらない，息ができなくなるといった症状も出現したため心療内科を受診した。当初は薬物療法を中心に治療を受けていたが，気分の改善がみられず，最終的には仕事を辞めざるを得なくなり，薬を変えても改善がみられないということで，主治医がカウンセリングを勧めた。
　スズキ先生が心理検査を実施し，「花子さんが自覚をもって目標に向かって行動していくことが大事」として，スズキ先生と花子さんは認知行動療法に基づくカウンセリングを開始した。エクスポージャーなどの手法も用いて不安階層表をもとに課題を遂行することを繰り返し，外出が少しずつできる

ようになってきていた段階で，スズキ先生が産休に入ることになり，セラピストがカウンセリングを引き継ぐことになった。

　引き継ぎの内容からは，スズキ先生と花子さんとの関係はとても良好である様子がうかがえた。なお，スズキ先生は花子さんに「次の担当者はブリーフセラピーや家族療法を専門にしている」と紹介してくれたようであった。

クライエントのニーズを確認する：前任者の治療的枠組みに合わせる
〔受理面接（初回面接前の顔合わせ）〕
　長い黒髪を後ろで1つに結び，アースカラーのシャツと綿パンを身に纏った，細身でおとなしい印象の花子さんはちらっとこちらを見たものの，目線を下に落としたまま，ソファに腰を下ろした。

　　セラピスト：今日はちょっとまだ暑いですねぇ。
　　花子さん　：そうですね……。（表情は硬く目線は上がらない）
　　セラピスト：〈これはもうさっそく話をしたほうがいいかな〉スズキ先生がお休みに入ることになったため，私が担当させてもらうことになりました。今日は顔合わせとカウンセリングの契約をさせていただく，ということで，改めて，花子さんはカウンセリングでどんなことを希望されていますか？
　　花子さん　：就労まで行ければいいと思っていて，外に出る練習をしてきていたのでそれを続けたほうがいいかなと思っています。担当が変わると何ができるのか，自分が思っていることは担当のやりたいこととは違うかもしれない……。
　　セラピスト：〈ブリーフセラピーや家族療法専門って聞いて，警戒されているかもしれない。スズキ先生との関係も良好で，効果も出ていたようだし，何より花子さんがスズキ先生とやっていた時と同じやり方を希望しているようだ。まずはスズキ先生のやり方に合わせて動いていくか……〉こちらから何かしてもらわなきゃとか，これをやらなきゃ，とかっていうのはとく

			にないんです。花子さんの希望に合わせてやっていければと思っています。
花子さん　　：そうなんですね。わかりました。（表情は少し和らぎ，ほっとした印象）
セラピスト：では，初回の日程についてですが……。（と日程を決める）
花子さん　　：あの，それまでの間に何か課題が欲しいんです。何か課題を出してください。
セラピスト：〈そうか。スズキ先生は毎回課題を出していたんだった。ひとまずそこは踏襲して，何か課題を出したほうがよさそうだ〉

　セラピストは，①カウンセリングでどうなりたいか，そうなったら気持ちや生活がどのように変わっていると思うかということを具体的に考えてきてもらうこと，②コンビニのお酒売り場に行って一旦商品を取って戻す（外出時に物を盗んでしまうのではないかという不安に対する，前任の時の課題）を初回面接までの課題として提示した。

クライエントのニーズに合わせて動く：前任者の治療的枠組みの維持①
〔初回面接〕
　前回と変わらず，花子さんは視線を下に落としたままソファに腰を下ろした。その手元には前回は持参していなかった大量の記録用紙があった。花子さんに改めてカウンセリングでの目標について確認すると，少し間を置いて目標について教えてくれた。

花子さん　　：はたから見たら普通の人だけれど，内面では後悔が残っている状態が理想なんです。私は良くなってはいけない気持ちがあるんです。でも，このままではダメだという気持ちもあって，だから，後悔を抱えたまま普通の生活を送ることが目標なんです。

セラピスト：〈良くなってはいけない？　ということは，気持ちの面は扱ってくれるな，ということか？　普通の生活って何だ？　どんな生活を望んでるんだろう？　とりあえず行動レベルで課題を出してほしいということか？〉スズキ先生のカウンセリングを受ける前と今だと，違いはありますか？

花子さん　：普通が100だとしたら，以前は5くらいだったけど，スズキ先生とのカウンセリングで，20くらいまでは上がったんです。

セラピスト：〈スズキ先生との関係は良好で，効果も感じていたのだな。ということは，今回も課題は欲しいのだろうし，まずは普通の生活について具体的にどんな生活が普通なのか考えてみてもらおう〉

　ここでセラピストは，花子さんが考える普通の生活について，不安階層表に準じた表を作成してくるよう，課題を出した。すると，花子さんは少し笑顔を見せながら「わかりました」と答えてくれた。

クライエントのニーズに合わせてみるものの……：前任者の治療的枠組みの維持②

〔第2～10回面接〕

　花子さんからは，課題がこなせたという報告がなされ，セラピストは〈課題ができたことを肯定的にフィードバックしよう〉と，花子さん自身が今の状況をどう受け取っているか，という「枠組み」を確認し，花子さん自身も「以前より回復してきている」と肯定的に捉えているような返答が得られたため，「課題をしっかりこなせていますね」と肯定的なフィードバックを試みた。しかし，花子さんは「課題を出されたら，それをやってくるのは最低限のこと。いつやるか決めるのは苦しいけど，決めたのだからやるのが当たり前という感じ」とさらに目線を落として答えた。

　課題に対する花子さんの「枠組み」を確認してみると，「自分で何をしていいかわからなかったし，自分で決めるのも不安だった。できたね，って言

ってもらえると，ああ，できたのかなって。そしたら前に進めると思って。でも自分ではできたって感覚はない」と，語った。

　第10回面接までの間にセラピストは，『セラピストが課題を出す⇒花子さんが課題をこなす⇒セラピストが評価する』という面接内でのやりとりは，花子さんの「自分で決めるのは不安」「他者評価が重要」という「枠組み」を強化してしまっているのではないかと考えた。つまり，このセラピストが課題を出して評価するという関わり方が問題を維持してしまっているのでは，と仮説を立て直した。

　実のところ，この仮説自体は第4回面接くらいにはセラピストの頭に浮かんではいたものの，「専門性を保たねば」とか「前任者（スズキ先生）のやり方に合わせねば（効果があったのだから）」などと考え，セラピスト自身の「枠組み」を変更することに躊躇していた。

　ただ，第10回面接での花子さんの様子（笑顔が増えた，目線が上がった，表情が柔らかくなってきた）と，課題に対して自分なりの工夫を施してくるようになってきたことを受けて，ようやくその決心が固まり，次回面接ではセラピスト自身の「枠組み」を変更することで，花子さんの「自分で決めるのは不安」「他者評価が重要」という「枠組み」に変化を波及させることを試みることとした。

セラピストの「枠組み」を変更しクライエントの「枠組み」に変化を波及させる：他者評価から自己評価へ

〔第11回面接〕

　前回同様，花子さんは課題をこなしてきたとは言うものの，できたという感覚は得られていないと語った。そこでセラピストはこう伝えた。

　「私が課題を出すという方法は，生活の指針として安心感を得ることにはつながっていると思いますが，出された課題をこなしたところで，やっぱり花子さんにとって，できたという感覚は得られていないように思います。もともと，スズキ先生と始めた課題を出してやってくる，ということの目的は，花子さん自身にできた，という感覚を積み重ねてもらうものだったと思いま

す。そこで，何をやればできたという感覚が得られそうか，花子さんが自分自身で考えて課題を実行してきてほしいのです。花子さん自身ができたと思えることを課題として設定してもらいたいのです」

花子さんは少し驚きつつも，「できるかわからないけどやってみます」と同意してくれた。

その後：自己評価を軸にして
〔第12回面接以降〕

花子さんは，課題を考える過程でいつもベストを求めてしまう自分や，強迫症状が弱まっていることなどに気づいたと言い，「前は良くなってはいけないと思っていたが，良くなること自体は大丈夫と思うようになってきた」「症状とか悩みとか，自分が思っているよりも自分は良い状態なんじゃないかと思える部分もある」などと話し，「ちょっと体調が悪くても動けるように意識して過ごす，自分で課題を考えて実行する」と新たな目標を掲げた。それからは，自分で課題を考えて実行することが増えていった。

すると，確認行為が減っていることや，治ったらダメという感覚が薄くなってきていることなど，花子さん自身ができたと思うことが自発的に報告されるようになり，「自分を客観的にみられるようになってきた」「（強迫症状については）まだ少しあるけど，とくに取り組まなくても大丈夫と思える」と振り返った。途中，セラピストの評価を気にするような発言が出てくることもあったが，「それに答えちゃうと治療的じゃないから答えません（笑）。不安になりながら来てもらうことが治療的には重要だから，不安になりながら来てくださいね」と冗談っぽく返すと，花子さんは笑って「わかりました」と答えてくれるようにもなった。

美容室に行くことが難しかったため伸ばしっぱなしになっていたという長い黒髪をバッサリと切り，表情も明るくなった花子さんは，友人の結婚式に出席したり，猫を飼い始めるなど行動面での変化も続き，「前は課題を出してもらわないと不安だったが，今は結局自分で考えるからということもあって不安にならない」など，気持ちの面でも変化していった。

セラピスト自身の「枠組み」が問題を維持する

　この事例のポイントは，セラピストの「枠組み」がまわりまわって，クライエント－セラピスト間で問題を維持してしまうような関わりにつながっている，と気づけたことにあろう。セラピスト自身，「専門性を保たねば」とか「前任者（スズキ先生）のやり方に合わせねば（効果があったのだから）」とか，あろうことか，序盤では「花子さんはこれだけ頑張っているのだから，花子さんに自信をもってもらうために，できていることに気づいてもらおう！」などといった「枠組み」がかなり強くなっていた。その結果，課題を出しては評価する（肯定的に），ということを延々と繰り返してしまったのである。お恥ずかしい限りである。

　そんな中で「あれ，なんかうまくいかないな……乗ってないな……」とセラピスト自身で気づけたことは，自分自身が初学者の頃よりは成長した部分といえるのかもしれない。この気づきがきっかけで，クライエントの課題に対する「枠組み」の再確認へとつながり，セラピスト自身の「枠組み」を変更し，問題を持続していると仮定したクライエント－セラピスト間の面接内での相互作用を変化させることにつながった。クライエント－セラピスト間の相互作用が変化したことで，連鎖的にクライエントにも変化が生じ，それは行動面のみならず気持ちの面での変化も引き起こし，問題が問題として語られなくなっていったのである。

「枠組み」で始まり「枠組み」で終わる

　繰り返しになるが，システムズアプローチを学ぶうえで，初学者が最初にぶつかる壁は「枠組み」という概念の理解であろう。システムズアプローチを学び始めると，最初は口酸っぱく指摘され，あるいは自分自身でもしつこく「枠組み」を理解しようとする。こうしてある程度経験を積み「枠組み」を意識することを繰り返すことで，クライエントの「枠組み」に対する理解が進んでくる。クライエントの「枠組み」に合わせることが可能になってくる。これがジョイニングの第一段階といえるだろう。そうなってくると，次

は情報収集や仮説設定，それをもとにした関与を行っていく，といったシステムズアプローチとしての方法論を実践することができるようになってくるわけだが，ここにまた「枠組み」の落とし穴がある。それは，セラピスト自身の「枠組み」に気づいておく必要があるということだ。セラピスト自身の「枠組み」に気づけないと，効果的な仮説設定や関与の仕方ができないばかりか，情報収集の段階ですでにセラピスト自身の「枠組み」に縛られすぎた偏った情報収集になってしまう危険性がある。下手をすると，本事例のようにセラピスト自身の「枠組み」によって問題を持続させるような関わりを続けてしまいかねない。セラピスト自身を活用するというシステムズアプローチの最大の魅力を活かすためには，セラピスト自身の「枠組み」を理解し，柔軟に変更していくことが最も重要なのではないかと思う。

　こうして，セラピスト自身の「枠組み」にも気づけるようになり，セラピスト自身を活用できるようになっても，まだまだ「枠組み」の落とし穴は続く。

　さまざまな臨床経験を積むことで，初学者の頃ほど丁寧に「枠組み」を確認しなくてもなんとなく合わせる，ということができるようになってくるし，「ああ，これは前に経験したことがあるな」と経験を糧に効率的な情報収集や仮説設定ができるようになり，効果的な関与の仕方を思いつくスピードが上がることもあるだろう。その一方で，「ああ，これは前に経験したことがあるな」ということ自体が，セラピスト自身の「枠組み」であり，経験値が増えれば増えるほど，「枠組み」の把握は雑になりやすいのではないだろうか。すなわち，経験が増えることで，逆にセラピスト自身の「枠組み」を凝り固まったものにしてしまう可能性もあるのだ。

　私自身も40代半ばを過ぎ，それなりに社会人として適応してこられたためか，若い頃よりは頭の中がいわゆる常識的な「枠組み」に支配されそうな時がある。もちろん，学生の指導や育成など，それが必要な場面もあろうが，それゆえにうまくいかなさを感じることも少なくない。「最近の若い人は……」「ジェネレーションギャップかしら……」といった言葉が出てくる時点で，かなり頭が固くなっているのだろう。そんな現状を自戒しつつ，今後

もセラピストである自分を変化の道具として活用できるよう,「枠組み」についての意識を持ち続け,何かうまくいかない時には「私が変われば相手も変わる（可能性がある）」という言葉を思い出しながら,日々の臨床に取り組んでいきたい。

第4章

高校生との「虫退治」

Sasaki Satoshi
佐々木聡

はじめに

　まずは本章の筆者の自己紹介から始めたい。読者の皆さんにとっては，たいして興味のないことであろうが，筆者の背景を知っておいていただいたほうが内容を理解しやすくなると思われるので，少しお付き合いいただきたい。
　筆者は現在，主に大学の教職課程教員とスクールカウンセラーの2つの立場で活動している。このような形になる前は，中学高校に教員として勤務していた。システムズアプローチに出会ったのは，その中学高校の教員時代のことである。大学時代から心理学をある程度は勉強してきたつもりで，仕事をしながら大学院で学校心理学を専攻したりもしたのだが，ことカウンセリングに関しては，自分が「これだ」と思うものを見つけられずにいた。
　そのような時に，いろいろな偶然が重なって出会ったのが，システムズアプローチである。そして，学んでいくうちに，これは教育のフィールドでも使いやすいのではないかと感じるようになった。教科書的にいうならば，システムズアプローチが教育を含む「対人支援を基礎とする社会的実践の方法論として活用されている」（吉川，2023）ということになるだろう。

ここでは，筆者がスクールカウンセラーとして支援に関わった事例をもとに，教育現場においてシステムズアプローチがどのように役立ちうるかを具体的に考えていきたい。もちろん，唯一の正解を示そうというわけではなく，話題の１つ，議論のたたき台だと思って読んでいただければ幸いである。
　なお，紹介する内容は実際の事例をもとにしているが，プライバシー保護のために適宜変更を加えていることを念のために記しておく。

小さなことが気になる高校生

　ヒロシさん（仮名）は当時，高校２年生であった。２学期のある日，授業中に突然泣き出したそうである。そのタイミングで何かのトラブルがあったわけでもないらしい。この様子を聞いて心配した担任の先生がヒロシさんにカウンセリングを勧め，本人もぜひ相談したいということで，来談となった。
　スクールカウンセラーの筆者は，担任の先生にヒロシさんの普段の様子について事前に尋ねておいた。すると，校内では楽しそうに過ごしているが，一方で，遅刻してきたり欠席したりすることが多く，１年生の段階ではあやうく留年しそうになっていたということであった。
　以下，初回の面接でのやりとりを紹介する。なお，やりとりの記録においてはスクールカウンセラーをSCと略記する。

　　SC　　：よく来てくださいましたね。今日はどんなお話ができればよいと考えていますか？
　　ヒロシ：今，一番大きな問題は学校に行けていないということです。学校に不満はないんです。学校に行けば，普通に授業を受けられているんですけど，朝になると嫌になります。昼から遅刻して来るようなことが多くて。２学期になって，１回も受けていない授業もあります。
　　SC　　：午前中の授業でとくに欠課が多くなっているということですね。朝，嫌になるということだったけど，それについて何か考えが浮

　　　　　かんできたりしますか？
ヒロシ：１日のことを考えてしまって，整理がつかなくなるんです。学校
　　　　　に行かないということも含めて。
SC　　：整理が，つかない……。
ヒロシ：そんな感じです。友だちに「なんで？」と言われてもわからない
　　　　　んです。

　このように，児童生徒との面接は，「何かよくわからないけれど，うまくいかない。困っている」というような訴えから始まることも多い。それに対して，スクールカウンセラーは，どのようなことが起きているのか，本人がどのように思っているのかということを教えてもらうようにする。その際に，話のどこに注目するのがよいのか。この事例では，ヒロシさんから「学校に（朝から）行けていない」という訴えがあったが，ここだけに注目するのを筆者は意図的に避けた。それは，学校に朝から行くということはあくまでも結果であり，どういったことがあってそうなっているのか，あるいは本人が事態をどう捉えているかといったことを知ることが支援につながると考えたからである。
　そのような方向で会話を続けたところ，ヒロシさんは，「これまで，自分の性格や本心を隠してきた。他人に言っても伝わらないと思う」と話し始め，初回の最後には次のようなやりとりが行われた。

SC　　：さっき，自分の本心とか性格とかは話さないということだったけ
　　　　　ど，その本心とか性格のことについて自分で考えることがありま
　　　　　すか？
ヒロシ：毎日考えていますね。変なところが気になって。欠点を直そうと
　　　　　思うんですけど，またやってしまったとか，気になります。気に
　　　　　しすぎないようにと考えていると，わけがわからなくなってしま
　　　　　って，頭の中でぐるぐる回りだします。そうすると，うっかりミ
　　　　　スとか出てきて。

SC　　：考えることが，自分を邪魔してくる感じ。
ヒロシ：YouTubeとか，人の話とかで，自分の性格を変えようとか思うんですけど，結局同じことをしてしまいます。考えたらダメだと思うんですけど。
SC　　：どうにかしようと工夫しているんだね。いろいろと考えが浮かんでくることに対して，ヒロシさんはどんな気持ちなのかな？
ヒロシ：嫌ですね。考えてもしょうがないと思って消えていく時もあるんですけど。でも，また浮かんできます。小さいことは気にしなくていいのに，また出てくる。
SC　　：考えが浮かんでくるのは，なかなか大変そうですよね。ただ，ヒロシさんは，自分自身の中で起きていることについて，よく見ているという感じも受けたんです。できれば，この考えが浮かんでくることについて，もう少し具体的に一緒に考えていければと思うのですが，どうですか？
ヒロシ：はい，お願いします。

　実はここで，筆者はあまり目立たない形で2つの働きかけを試みている。1つは，「考える」という問題を「自分自身の内面についてよく見ている」と捉え直す，リフレーミングである。そして，もう1つは「考えることが（ヒロシさんを）邪魔してくる」という問題の外在化である。外在化とは，問題を客体化して捉えることである。そうすることで，人を直接問題とせずに問題の対応にあたることが可能になると期待される（ホワイト，2009）。いずれも，筆者が行ったのはごく控えめな働きかけであり，この時点での大きな効果を期待しているというより，反応を見ながら今後の布石を打っているという感じである。

「虫退治」

　次回以降，ヒロシさんは筆者との面接に大変意欲的であり，面接の時間を

楽しみにしている様子すら感じられた。一方，筆者は2回目，3回目と，面接の進め方について迷っていた。それは，初回と似たような話が何度も繰り返される展開になっていたからである。

　できるだけ話を具体的にしていくことや，ヒロシさんの望む学校生活の姿を話題として扱っていくことを意識したつもりであったが，結局，「小さなことが気になる」という話に戻り，筆者としては進展を感じにくいような状況であった。もちろん，面接においては，同じような話が繰り返されながら徐々に変化が生じていく場合も少なくないのだが，この事例ではヒロシさんが意欲的に面接に取り組んでいるのに対して，こちらが十分に応えられていないような印象があり，筆者としては何とかならないものかと思いながら面接記録を見直すということが続いたのであった。

　その状況が大きく動き出すきっかけとなったのが，4回目の面接である。以下，少し長くなるがその具体的なやりとりを紹介する。

SC　　：ちょっと想像の話ね。今，いろいろと気になるということを教えてくれたけど，それがまったくなくなったとしたら，どんな学校生活を送っていそうかな？

ヒロシ：トラブルとかケンカとかがなくなる。完全になくすことはできないと思うけど，頻度が少なくなったらいいというか。そうしたら楽になります。

SC　　：トラブルが減る。そうしたら，楽になる以外の変化は，どんなことがありそう？

ヒロシ：楽しいことに集中できる。

SC　　：楽しむべきことを，楽しめる時に楽しみたい。

ヒロシ：ラッキーとか，嬉しいとか，「それ」のせいで楽しめないんです。

SC　　：「それ」が邪魔をする。

ヒロシ：そうそう！

SC　　：仮に「それ」ということで話を進めるけど，「それ」はどんな時にあなたの邪魔をしてくるのかな？

ヒロシ：小さいことが気になるんです。楽しい時に，ああ，心配ごとを忘れていたなって思うとそれが気になってしまう。それがなかったら楽しめるのに。嫌です。

SC　　：うん，それは嫌だよね。

ヒロシ：それをもう少し何とか対応したくてカウンセリングにも来ています。

SC　　：「それ」が問題だという話で，それに対応しようという意識をもってカウンセリングに来ている，と。そうすると，やっぱりまずは「それ」が何かを一緒に考えてみるのもいいんじゃないかな。

ヒロシ：はい！

SC　　：さっきから「それ」が邪魔をするって言っているけど，名前をつけてみると姿が見えてくるかも。実際の事柄じゃなくても，イメージで何か名前をつけてみるとか。

ヒロシ：うーん，頭の周りを飛んでいる虫，みたいな……。

SC　　：おっ，頭の周りを飛んで邪魔をしてくる虫ね。それは飛び回る以外に何かしてきたりする？

ヒロシ：「ほら，あのことを忘れているでしょ」みたいに言ってくる感じ……。

SC　　：あー，余計なことを耳元でささやくみたいな，「ささやき虫」ってどうだろう？　ちょっと子どもっぽいかな？

ヒロシ：いえ，なんかぴったりな感じがします！

SC　　：じゃあ，いったんこのささやき虫のことを一緒に考えてみようか。どんな時に，どんな悪さをするのか，はっきりさせて，それにどう対抗するか作戦を立てていこう。

ヒロシ：はい！　よろしくお願いします。

　このような手法は，システムズアプローチの中で「虫退治」という名で知られている。虫退治についての詳細は東（2019）による記述などを参照していただきたいが，これは，問題となる事柄を擬人化し，対応方法を客観的な

視点から具体的に考えていくアプローチである。そして，学校現場における虫退治の有効性については，これまでも坂本（2012）などによって指摘されてきた。

　では，この事例において虫退治がどのような効果をもたらしたのか。まず，次の5回目の面接でのやりとりを見てみたい。

SC　　：前回から今日までの間に，ささやき虫が悪さをすることはあった？
ヒロシ：ありました。楽しい時とか，部活の練習をしている時とか。
SC　　：いい時に邪魔してくるんだ。どんなふうに邪魔してくるのかな，虫は。
ヒロシ：1回その気になったら，そっちに集中させます。
SC　　：好きなことをしている時に，違うところに気を向かせるんだ。
ヒロシ：あー，そうです。こっち向いているのに，あっちを向かせるみたいな。
SC　　：たとえば，部活だとそれはどんな方向なの？
ヒロシ：「こういうミスは嫌だな」みたいな。あ，でも最近はいったん水分補給の休憩を入れるようにしています。
SC　　：おっ！　工夫しているんだ。
ヒロシ：はい。以前よりましになってきました。
SC　　：どういうところがましになってきているのかな？
ヒロシ：全部台無しだということがなくなってきました。
SC　　：というと？
ヒロシ：考え始めたら何もできなくなる，ということではなくなりました。
SC　　：え？　一度虫が来ても，それで終わりじゃなくなっているの？　どうやって？
ヒロシ：「大丈夫，大丈夫」と追い払っています。
SC　　：すごい，闘っているね。

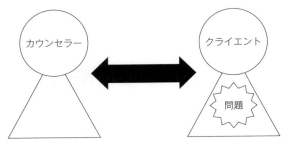

図4-1　カウンセラーとクライエントの立ち位置①：互いに向かい合う

　このやりとりからは、ヒロシさんが「小さなことが気になる」という困りごとをより具体的に対象化して意識できるようになったことがうかがわれる。それまでの面接の展開においては、「気になる」という悩みが抽象的であり、どう理解したらよいかわからないという面があった。その悩みが、「ささやき虫」という具体的な姿、しかも生き物のような姿を与えられた時、それがたとえ想像上の存在であったとしても、ある種の実感をもって捉えられたのではないだろうか。そしてそれは、ヒロシさんだけではなく、筆者も同様であった。

　この事例での外在化の効果として大きかったのは、カウンセラーとクライエントが同じものを見られるようになったことではないかと筆者は考えている。問題がクライエントの「内」にあるという文脈の時、カウンセラーとクライエントが向き合うような構図が生じる（図4-1）。この構図であっても、両者は対立しているわけではなく、むしろクライエントにとってはカウンセラーが自分の悩みを受け止めてくれているような感覚が生じる場合もあるだろう。しかし、内的なものの見えにくさというのは否めない。カウンセラーにとっても、クライエントにとっても、内面を内面のままで共有することには大きな労力が必要になる。

　一方、今回の事例は、カウンセラーとクライエントがともに外在化された問題に向き合っているような構図となったと考えられる（図4-2）。カウンセラーとクライエントが完全に一体になっているわけではないので、カウンセラー、クライエント、問題が三角形になっているようなイメージで捉えるの

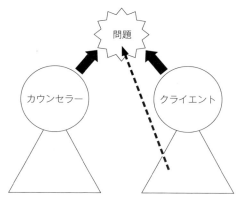

図4-2　カウンセラーとクライエントの立ち位置②：「問題」にともに向き合う

がよいかもしれない。このような位置関係で，カウンセラーとクライエントは協働的に問題に対処していくことになる。

　さらに，今回の擬人化は，クライエントの内にあるものを外に出しただけではなく，それがクライエントに悪さをするイメージを生じさせた。このように表現すると何やら不穏な感じがあるかもしれないが，これは，問題を人から切り離すうえでより有効に働くものである。「人ではなく，問題が問題となる」（ホワイト，2009）という理念が，「悪さをしているのは虫である」という，やや奇をてらった形で表現されているといえるだろう。

　さて，再び事例の展開の話に戻ろう。5回目の最後に，以下のようなやりとりがなされた。

　　ヒロシ：「いろいろ考えてもどうしようもないから，いいや」って思うようにしています。でも，時間が経ったらまた浮かんでくるんです。それも何とかしたいんです。
　　SC　　：うーん，そうね。でも「いいやと思ったら，その状態がずっと続かないといけない」って考えさせるのも虫の仕業のにおいがするな。
　　ヒロシ：あ，そうかもしれません。

第4章　高校生との「虫退治」　67

ヒロシさんは，自分の課題を解決しようと一貫して真摯に取り組んでいるように思われた。ところが，そのことが逆に「気になる」という困りごとにつながっているようにも感じられたのだ。「再び浮かんできた考えも何とかしたい」というのは，ヒロシさんの努力だともいえるのだが，一方で，「ねばならない」の思考で，そのことが余計に気になってしまう状態だともいえる。

　そこで，筆者は後者のことについて扱おうと考えたのだが，これをそのまま表現するとどうなっただろうか。「考えすぎると余計気になるよ」という感じかもしれないが，この言い方だと，「考えすぎないように（頑張りなさい）」というニュアンスが出てくる。もし実際にこのような言い方をしたら，この時の筆者とヒロシさんの関係を考えれば，彼は筆者の言葉を素直に受け入れただろう。だが実は，むしろそれではよくないのだ。「考えすぎないように」と「気になってしまう」。

　このような判断があって，筆者はここでも虫に登場してもらうことにした。「ねばならない」と考えさせるのも虫の仕業であり，ヒロシさんはそれに困らされている，という言い方をしたのだ。これは，問題を外在化するというそれまでの文脈に沿った言い方であり，「ねばならない」思考の存在を，その傾向を強めないようにしながら意識してもらうことができたのではないだろうか。

　このように解説すると，すべて筆者の計算通りであったかのように思われるかもしれない。しかし，正直に告白すると，実際のところ筆者は，「考えすぎると余計に気になるよ」という言葉が喉まで出かかっていた。危ない，危ない。これも虫のせいにしておこう。

急展開

　この5回目の面接では，困りごとは語られたものの，ヒロシさんの表情は明るく会話もスムーズであった。筆者は，彼がこのまま安定した日常生活を

送るようになっていくのではないかと感じていた。ちょうど冬休みに入ることもあり，「良いお年を」というくらいの挨拶を交わして別れたのであったが……。

　筆者は，面接における肯定的な見通しというものを大事にしたいと思っている。それには相応の理由があり，また後で触れることにするが，一方で，楽観的になりすぎるのも困りものである。筆者はそのことを実感することになった。やはり，油断は大敵である。

　冬休み明けに，筆者が学校に行くと，コーディネーターの先生が困った表情で事の経緯を説明してくれた。ヒロシさんが仲のよかった男子生徒とトラブルになり，手を出した結果，相手にしばらく通院が必要なほどのケガを負わせてしまったというのである。当然，学校側はその経緯やトラブルの内容について両者から聞き取りを行っており，それを筆者にも伝えてくれた。しかし，正直なところ，なぜそのようなことになったのか，筆者にはうまく理解することができなかった。コーディネーターの先生も文字通り首をかしげながら説明しており，学校側としてもわからない部分が多いというのが正直なところだったのではないだろうか。

　このような状況で，筆者は幸いにしてヒロシさんと再び会うことになった。筆者としては，事件そのものだけに注目するよりも，これまで作ってきた問題の外在化の流れを活かすほうがよいのではないかと考えていた。それは，この暴力行為だけに注目すれば，自然と「本人の責任」という文脈が生じることになり，これまでの面接での取り組みが帳消しにされてしまう恐れがあったからである。

　その一方で，暴力行為があったということは学校全体にとって大きな事件である。このような状況においては，スクールカウンセラーが学校システムの中でどのような役割を果たすのか考えなくてはならない。といっても，ヒロシさんはすぐに来室する予定になっていた。

　そこで筆者は，コーディネーターと担任の先生に「事件後，何を期待してヒロシさんをスクールカウンセラーにつないだのか」を確認した。カウンセリングにおいてニーズを確認することは基本だが，確認が必要なのはクライ

エントのニーズだけとは限らない。今回筆者は，直接的に対応にあたっている先生方のニーズから，学校がヒロシさんをめぐるシステムをどのようにデザインしようとしているのか探ろうとしたのである。

　少し説明が長くなってしまった。この時の先生方からの回答は「いろいろと厳しい指導も受けているので，本人の言いたいことを聴いてあげてください」というものだった。「どうして暴力をふるったのか聞き出してほしい」であるとか，「自分を見つめ直させてほしい（反省を促してほしい）」であるといったニーズもあり得ると予想していたので，先生方の言葉に筆者は感謝せずにはいられなかった。学校のシステムの中で，スクールカウンセラーが生徒に近いポジションを取ることが許されたのである。

　以下，6回目の面接でのヒロシさんとのやりとりである。

ヒロシ：こんなことになって，何でやったのか自分でもわからないんです。前も言っていたんですけど，変な考えが浮かぶんです。反省とか後悔とか浮かんできて，それを止めたいけど止められない。それでいて思うようにならないとキレる。自分の甘えですけど。

SC　：以前，いろいろなことを考えるのを，「ささやき虫」があなたに考えさせるって言っていたでしょう。今回の件にもその虫が関わっていそうなのかな？

ヒロシ：はい，そうです。自分では何をやったかよくわからないんです。怒ってしまったらもうだめです。人格が変わって止められません。

SC　：うーん，厄介な虫だよね。

ヒロシ：行動するしかないと思っています。なかなか改善しないですけど。

SC　：行動しようとしているんだよね。

ヒロシ：でも100％はできなくて。

SC　：前も言ったけど，その100％っていうのも，虫のせいよ。あなたに「こうじゃなきゃいけない」と思わせる。

ヒロシ：あ，そうでした。

SC　：変わろうとしているのは，確か。

ヒロシ：少しでも変わったところを自分で見つけて，それを積み重ねていこうと思います。
SC　：あー，それはとても大事なことだと思うな。どうしてそんなふうに考えられるようになったの？
ヒロシ：祖母がとても前向きで，自分のことを否定せずに聞いてくれて。
SC　：お祖母さんとお話しているんだね。
ヒロシ：はい。このことがなかったら，祖母と関わることはなかったんですけど，話したらとても助けられました。一人だと不安になります。
SC　：うん，いろんな人と話をしながらいったらいいと思うよ。また今度，お祖母さんとどんな話をしたのか教えてよ。どうもそこにヒントがあるように思うんだよね。
ヒロシ：はい，わかりました。よろしくお願いします。

　ヒロシさんは筆者に向かって最敬礼をしてから相談室を後にした。それはともかくとして，「ささやき虫」という比喩を持ち出したところ，彼がそれに乗ってきてくれたのは幸いであった。今回の暴力行為についても，以前と同じ困りごとの文脈に位置づけることが，彼と筆者の間でいったん了解されたのである。これにより，これまでと同様に，外在化された問題への対処について協働的に取り組んでいくことが可能になった。
　この場面でも，虫という形で暴力行為の原因らしきものが一応見えたことで，その追究ではなく，「行動する」という今後の話が展開していくことになった。このあたりの筆者のアプローチは「解決志向アプローチ（ソリューション・フォーカスト・アプローチ／SFA）」的であるが，今回はその説明は割愛する。
　それにしても，この場面でヒロシさんが「少しでも変わったところを自分で見つけて，それを積み重ねていこう」と自分から言い出したことには驚かされた。その直前に筆者は，彼が「行動しようとしている」ということをフィードバックしたため，その影響も多少はあったかもしれないが，筆者の経

験上，この程度の働きかけだけで彼のような反応が返ってくることは少ない。そこで，なぜそのような考えに至ったのかを確認する（これも解決志向的な展開である）と，祖母の存在が語られることになった。

家族のちから

これまでの面接や先生方との情報共有の中で，祖母の存在がクローズアップされることはなかった。もちろん，筆者がヒロシさんと祖母の関係を把握していなかっただけという可能性もあるが，事件をきっかけに家族内の関係に変化が生じている可能性も考えられた。この状況においては，家族は変化せざるをえないと考えるのがむしろ自然かもしれない。筆者はそこで，家族との関係にも注目して面接を継続することにした。そして，次の7回目の面接では祖母との関係について話を聞くことができた。

SC ：前回，お祖母さんとよく話をするようになったと言っていたでしょう。あれ，どういうことがあって話すようになったの？
ヒロシ：家の近くに住んでいるのに，今までは関わりがありませんでした。父と話していて，お祖母ちゃんの家にも行ってみるかと言われたので。一人だと不安だったので，しゃべりに行きました。
SC ：お父さんが勧めてくれたんだね。
ヒロシ：今までは父親に反発していたんですけど，今は自分がこんなことして迷惑かけたし，父親の言うことも聞こうと思っています。自分が変わったことを，とにかく行動で示そうと考えて。そうしていたら，自分が明るくなったと思います。もとに戻るというか，むしろそうじゃなくて気持ちがまったくちがう感じ。
SC ：うん。そういうふうに変わるのに，お祖母さんの存在っていうのはどう助けになったんだろう？
ヒロシ：ネガティブなことを一切言わずに，「変われる，大丈夫」と励ましてくれました。前向きなことしか言わないので，自分も祖母み

たいになりたいです。

　このように，以前は父親との関係がうまくいっていない部分があったが，父親が動き始め，祖母がヒロシさんの支えになっている様子が伝わってきた。事件は，家族にとってまさに危機だったといって差し支えないだろう。その状況で家族が大きく動き始めた。筆者は，その様子にただただ感動していた。感動というのは，家族の一人ひとりが状況に正面から対峙しようとする姿への敬意であり，またそのような動きが出てくる家族システムの不思議さへの驚きであった。

　あくまでも筆者の個人的な感覚の話だが，クライエントに対するこの種の感動は，この事例に限らず大事にしたいと考えている。とはいっても，筆者の中だけで感動していても，それが直接の支援になるわけではない。スクールカウンセラーとして何をするのかということが，当然問われる場面であり，筆者は3つほど小さな働きかけをすることにした。

　1つ目は，ヒロシさん本人に，彼自身が頑張っているということや，家族が支えになっているということを改めて意識してもらうことである。これは，先ほど紹介したやりとりにも出ているので，おわかりいただけると思う。

　2つ目は，家族に対する働きかけである。祖母に学校まで来ていただき，ヒロシさんに対するこれまでのサポートを労い，「彼の話を聞くことをぜひ続けていただきたい，それがもっと大きな変化につながる」と伝えた。

　そして3つ目は，この家族の動きや本人の様子について学校の先生方と共有しておくことである。事件後，さまざまな面で対応に奔走する父親の姿を学校側も把握していたが，家族がヒロシさんの支えになっている様子について，筆者からも先生方に伝えるようにした。これについては，担任の先生とのやりとりで印象に残っている場面がある。

　　担任：最近，お父さんとの連絡がつながりにくいんです。こちらから電話
　　　　　した時に，折り返して連絡をくださることも少なくなって。大丈夫
　　　　　でしょうか。

SC ：例の件への対応で仕事をたくさんお休みになったという話でしたから，まだお忙しくされているのかもしれませんね。
担任：ああ，そうかもしれません。今度電話がつながったら，「お忙しいところありがとうございます」とお伝えしてみます。

　これは，担任の先生が，ヒロシさんのことを大事に考え心配するあまり，父親に対するネガティブなストーリーが生まれかけた場面である。もちろん，父親の状況をめぐるさまざまな可能性については考えておく必要があるが，筆者としては，父親に対する肯定的な認識も印象づけて，先生が父親と良好な関係を維持してほしいと願ったのである。
　また，ヒロシさん本人についても，担任の先生は事件後の努力を認めて見守る姿勢をもっていたが，筆者からも，コーディネーターや管理職の先生にヒロシさんの努力や変化について伝えるようにした。
　このように，家族や本人の肯定的な変化について共有することで，学校側も「生徒や家族が頑張っている」というストーリーに参加してもらうことを期待したのである。良い循環は，その流れに乗る人が多くなれば，より促進されるはずだ。

まとめ

　本章は，スクールカウンセリングの事例をもとに，教育現場においてシステムズアプローチがどのように役に立ちうるのか具体的に考えることを目的としたものであった。
　そして，まず，「虫退治」という問題の外在化によるアプローチについて検討してきた。教育現場での児童生徒への対応においては，「指導」が重視される。指導にもいろいろな形があるが，それは「児童生徒がその内にある課題を解決して成長できるように，大人が教え導く」という方向性になることも多い。これはもちろん大事なことである。ただ，児童生徒にまつわるさまざまな課題の中には，この方向性だけでは対応が難しいものが出てくるの

も確かであろう。そして，問題の外在化は，このような指導のあり方とまた違った方向性を示してくれるのではないか。すなわち，「児童生徒を問題視せずに，課題を設定して児童生徒と大人が協働的に取り組む」という文脈を作ることができるのである。これは，現在の学校教育で重視される主体性や協働性にも通じる部分があると考えられる。その意味では，問題の外在化という考え方は，心理職だけでなく教育職にもなじみやすいのではないかと思う。

さらに，事例の後半では，家族や学校のシステムを考慮してアプローチすることについても検討してきた。まず，システムの中に肯定的な変化を見出し，それが拡大するように働きかけていくことの重要性が改めて確認されたといえる。さらに，スクールカウンセラーが家族と学校の両方の味方になることの意義も大きいのではないだろうか。今回の事例で，筆者は学校での自分自身の役割を確認しつつ，家族についての肯定的なストーリーを見出し，それを学校側に伝える役割を果たした。これは，家族と学校のシステムの肯定的な相互作用を促進させたということである。スクールカウンセラーは，「チーム学校」（文部科学省，2022）の一員でありながら，心理職として教員とは異なる専門性を有する存在である。そのような立場においては，自分自身をどのシステムの中に位置づけ，そしてシステム間の関係をどのように調整していくのかという観点をもつことが重要だと考えられる。

後日談

今回紹介した面接が行われたのは，ヒロシさんが高校2年生の時であった。幸い，筆者は次の年度も同じ学校に勤務することができ，数回のフォローアップ面接を行った。そして，卒業式の日，彼は相談室に立ち寄ってくれた。無事に卒業証書を受け取り，4月から希望していた専門学校に進学することになったというのである。

ヒロシ：先生（SC）のおかげで卒業できたし，希望の専門学校にも進むこ

	とができました。本当にお世話になりました。ありがとうございました！
SC ：	おめでとう。まあ，頑張ったのはヒロシさん自身だけどね。むしろ私はあなたが頑張る姿に励まされていたよ。
ヒロシ：	いえいえ，先生といろいろ話せたから，自分を変えられたんです。
SC ：	お礼の気持ちは素直に受け取っておくね。4月からも，元気で，ぼちぼち頑張って！
ヒロシ：	はい，ありがとうございました！

　筆者はヒロシさんが元気に卒業していくことを喜びながらも，実は同時に別のことも考えていた。それは，「もっと彼自身が自分で解決したという文脈を作れなかったのか」という反省である。極端な話，「何だか知らないうちに気にならなくなっていました」と言ってもらえる終わり方だったらよかったのに，という思いである。

　ただ，彼の面接へのモチベーションはもともと高く，カウンセラーを頼りにするような感じも初めからみられた。そして，その中で出てきたのが「ささやき虫」の存在であった。筆者は彼と一緒にその虫に向き合ったのである。最後の最後まで，この面接は「ヒロシさん『との』虫退治」であった。それでよかったのかもしれない。

[文　献]

東豊（2019）『新版 セラピストの技法—システムズアプローチをマスターする』日本評論社

坂本真佐哉（2012）「学校現場でつかえる『虫退治』— ナラティヴセラピーの『外在化する会話』から学ぶ」『児童心理』66巻，20-28頁

マイケル・ホワイト（小森康永，奥野光訳）（2009）『ナラティヴ実践地図』金剛出版

文部科学省（2022）「生徒指導提要（改訂版）」(https://www.mext.go.jp/a_menu/shotou/seitoshidou/1404008_00001.htm)

吉川悟（2023）『システムズアプローチのものの見方—「人間関係」を変える心理療法』遠見書房

第5章

セラピストの頭の中を治療せよ
——スクールカウンセリング

Maki Kumiko
牧久美子

　心理士になり15年が経ち，そのほとんどを学校現場での臨床実践に費やしてきた。心理臨床を学び始めるのとほぼ同時に「システムズアプローチ」というものの見方に出会った。これまで何気なく見ていた身近な人間関係にしろ，ニュースで見かける国家間の関係にしろ，大小にかかわらずさまざまな関係や現象を「システム」という視点で眺めることができるとわかった。それからは意識的にシステムというものを観察することが楽しくなった。心理士になる前は一般企業に勤務していたが，一念発起して会社を退職して大学，続いて大学院で学び直すことにした。思えば，子ども時代も会社員時代も人の言動を見て，聞いて，察して，とにかく「空気を読む」ことを一生懸命やってきたように思う。適度にやるといろんなことがスムーズにいくし，やりすぎると疲れてしまう。それは筆者に限らず，人間関係が生じるところでは多くの人が処世術の1つとしてやっていることではないだろうか。心理臨床の世界に入って，単に「空気を読む」ことから「システムを読む」への移行が始まった。あえて「空気を読まない」ことでシステムに変容をもたらすことがあることも学んだ。難しくも楽しいシステムズアプローチ。人と人がいれば，その使い方は千差万別。ぜひどのような立場の人も知って，使って，

味わってみてほしい。

セラピーの対象はセラピストの頭の中

　H先生から教えていただいたことの中で今でも大好きなのは「一番の治療対象はセラピストの頭の中」という言葉だ。日々の心理臨床の活動の中で，つい「○○が問題」と決めつけてしまう時がある。クライエントはもとよりその家族やクライエントの症状をまるごと肯定的に見ることができていない時は，解決への道が逸れていく。目の前のクライエントは「本当は何を言いたいのか」「本当は何で困っているのか」，シンプルなこの問いをとくに初回の面談ではセラピストの頭をフル回転させて探す必要があるが，何年経ってもうっかり「問題は何か」に頭が支配されることがある。「この人は，問題は何だと思っているか」の枠組み探しはセラピーに大いに役に立つのに，どうしてこうも問題探しを頭は好んでしまうのか。面談が進むにつれてセラピストの頭が問題探しによって混乱し始めた時も，やはりこの問いに立ち返る習慣を持ち続けたい。

スクールカウンセリングの現場

　さて，学校と医療機関では，カウンセリングの進め方や留意すべき点が異なってくる。筆者の居住地の近隣の公立小中学校ではスクールカウンセラー（以下SC）を週に1日（1日およそ6～7時間）雇用していることが多く，公立高校では1日の時間数はさらに少なくなり4時間程度の勤務が平均的だといえる。そのような少ない勤務時間の中に多くのカウンセリング予約が入ってくる学校だと，一人のクライエントとカウンセリングをスタートさせても，次の予約までに2，3週間以上空いてしまうことも稀ではない。また，学期ごとに長期休暇が挟まれ，たいていの学校ではSCの勤務もお休みとなる。そのような環境の中，「死にたい」など命にかかわるような訴えがあるクライエントに対してSCとしてどのようなことに留意しつつカウンセリングを

進めるかは重要である。学校内では教員やスクールソーシャルワーカー（以下SSW）との連携は欠かせない。週1回しか現場に行けないSCは，やはりいろいろな人に助けてもらうより他ないのだ。それが大変ありがたいし，他職種の人たちと連携がうまくいった時は一緒に喜び合えるし，充実感もある。

事　例

　本章では，スクールカウンセリング場面で出会ったある女子高校生とのカウンセリング過程を紹介する。クライエントは「死にたい気持ち」を訴えると同時に，自分を罵倒する「変な声」にも悩まされていた。
　なお，事例掲載についてはクライエントの承諾を得ているが，プライバシー保護の観点より内容が損なわれない程度に一部改変を加えた。

　クライエント：ヒカルさん（仮名），女子，カウンセリング開始時高校1
　　年生
　家族構成：父（40代，会社員），母（40代，会社員），本人，妹（中学2年生）

　2学期後半から休みがちになっている女子生徒がカウンセリングを受けたいと言っていると，担任教諭（以下，担任）を通じて予約が入った。

初回面談　X年1月（高校1年生）
　ヒカルさんはこの日も遅刻して登校し，保健室で過ごしたのち緊張した面持ちで相談室を訪れた。聞けば2学期から休みがちになっており，3学期になり状況はさらに悪化している。理由を尋ねるも「わからない」と言う。しかし，学校に行きたいという思いはあるようだ。頑張って起きて最寄り駅に向かうが，自転車置き場で体が固まって動けなくなり改札に向かうことができないことが多い。電車に乗れても人の視線を感じ，つらい。教室にたどり着いても過呼吸になりそうで保健室へ逃げ込んでしまう。クラスには仲の良い女の子が5，6人いて居心地も悪くなく，勉強にも苦労していないとのこ

とだ。

　ここまで聞くと友人関係や学習上の困りごとはないようだ。SCは今日登校したことを労ったのち，ヒカルさんに尋ねた。
「今日の電車は大丈夫だったの？」
「今日は電車ちょっと怖かった。人の目線とか。変な声とか……」
「それはどんな？」
「自分のことを悪く言ってるように聞こえる声」
「それはいつからなの？」
「高1の2学期の最後から」
「電車以外でも？」
「家族といる時も，一人でいる時も。女の人の声」
「それは誰か知ってる人の声だったりする？　自分の声だったり，他の人だったり」
「……お母さん」
「お母さんの声がすることで，思い当たることって何かありそう？」
　と聞くと，家族について語り始めた。
「お父さんとお母さんがずっとケンカしてる。お父さんは昭和って感じで，古臭い考え方してる。性格がよくない」
「二人がケンカしたらどうなるの？」
「お父さんがものを蹴ったり投げたりする。この前もケンカしてて，お父さんの投げたものがお母さんに当たって，その時に私は何も（仲裁）できなくて……悲しいし，むなしい……。だからずっと元気なくて。お父さんとお母さんともしゃべりたくなくて」
　「変な声」は母親の声のようだと言っていたので，母親についても尋ねてみた。
「お母さんはどんな人なの？」
「短気」
「あなたには厳しいの？」
「厳しくはない……たまに厳しい。優しいけど……すぐ怒る。予測つかな

いことで言われる……。八つ当たりされる」

　父親がいかに悪いかを話していた先ほどまでのトーンとは打って変わって歯切れが悪い。

　昨日，しばらく口を聞いていないことで，母親からなぜ無視するのかと咎められた。変な声が聞こえてくることを初めて打ち明けたところ（母親の声に似ていることは言えなかった），母親は夫婦ゲンカのことで負担をかけていることを察したようで父親との不仲を詫びたが，「ケンカはしないようにするけど，ヒカルも心が強くならないとね」と言われた。欠席や遅刻のことはまだ両親に打ち明けることができていないという。

　同じようなストレス下に置かれているはずの中学生の妹はどのように過ごしているのか疑問に思い，SCは尋ねた。

「ご両親のケンカに関して妹さんは？」

「あまり気にしていない。妹は私と違って，お母さんに似て強いタイプ。妹のことは大好きで，お母さんより妹のほうが話しやすい」

と教えてくれた。

　昨日，勇気を出して「変な声」のことを母親に言えたので，欠席や遅刻についても母親に伝えてみることを提案すると，ヒカルさんは気乗りしない感じではあったが，母親に伝える意思を表明した。また，SCは，思春期はそのように声が聞こえてくる症状が出やすい時期でもあるから，一度母親と病院に行ってみてほしいとも付け加えた。

　両親の話をする時にはヒカルさんは体が硬くなり，目にも不安と緊張が表れていた。緊張したまま家に帰りたくなかったのでいろいろと雑談をしていると，居酒屋でアルバイトをしており，マスターがとてもいい人でそこでは楽しく働いていることが表情よく語られた。両親以外との人間関係は良好に築いているようであった。

　SCは，しばらくできるだけ毎週面談の予約を入れようと考えた。

第2回目　X年2月

　1週間後。顔色悪く，うつむいて来室。前回より調子が悪そうに見える。

母親に欠席について伝えることができた。それを受けて，母親が近所の心療内科のＡクリニックへ連れていってくれ，母親同席のもと初めて受診し，薬（睡眠薬と抗うつ薬）を処方された。母親からは「無理して学校へ行かなくていいよ」と言ってもらえ，「変な声」は「マシになった」と言う。SCは尋ねた。

「それはマシになったようだけど，今日とても調子が悪そうに見えるのは？」

「こんなこと言ってはいけないんだけど……」

と言ってヒカルさんはうつむく。SCは続く言葉を待った。

「……死にたい気持ちになる。死にたい気持ちがへばりついてる」

「へばりついている」という言葉にその気持ちの強さが表れていると感じた。

「それは初めてのこと？」

「ううん，中３の頃から」

「何か実際にしようとしてしまったことは？　たとえばリストカットとか」

「痛いのは嫌だからリストカットはしてない。中３の時，自分の首を絞めてみたりしたことはある」

「そう……。それは今までお母さんに言ったことはある？」

「ううん，言えない」

「今回，お医者さんには？」

「お母さんが診察室に一緒に入ってたから言えてない」

病院から処方された薬の管理は自分でしているということだったので，母親に管理してもらおうと伝えるとそれには素直に応じ，自分で母親に言えるとのことだった。

しかし，相変わらず覇気がなくうつろな目をしていたため，このまま一人で家に帰すわけにはいかないと感じたSCは，担任に家まで送ってもらうことを提案した。ヒカルさんは急に努めて明るくふるまい「帰れます」と言ってそれを固辞した。しかし，担任がうまく説得してくれ，一緒に帰ることを受け入れて担任と最寄駅まで一緒に帰った（駅からは自転車で帰ると言って聞

かなかった）。死にたい気持ちについては心配だから担任から保護者へ伝えることになることをSCと担任が伝えると，いったんはそれを受け入れたが，担任と駅で別れる前に「父親へは絶対に言わないでほしい」と念を押したという。さらに，帰宅後に担任宛てに学内メールが届き，「母親にもやっぱり言ってほしくない」と連絡があった。

　しかし，担任も報告しないわけにはいかず，翌日母親に来校してもらい，ヒカルさんが死にたいと言っていたと伝えることができた。母親がどのような反応だったか担任へ確認したところ，「それが，ヒカルさんが死にたいと言っていることは知ってたっておっしゃるんです」と，母親の回答に担任は解せない様子だった。母親はもちろん心配していないわけではなかったが，担任によると母親の応答はどこかあっさりしていて，つかみどころのないものだったようだ。SCは母親との面談をすぐに申し出るより，もう少しヒカルさんから母親の様子を聞いてからでもよいと考えた。

第3回目　X年2月

　1週間後。家で家族と過ごすより（一人ならいいが）学校のほうがいいと話す。

　2回目のAクリニックの受診では，母親が主治医に「やっぱり親のせいですよね？」と言っているのを聞いた。母親がそばにいると話せないこともあるだろうと主治医が計らってくれ，別日に一人でも受診させてくれた。

　ヒカルさんに家での様子を尋ねると，

「お父さんとお母さんが怖い」

と言う。

「私が立ち直れないのが原因だと思うんですけど……こうやって悩んでるのがあかんのやと思うんだけど……圧をかけてくる。学校行けないのに，『いい加減にしいや』って言ってくる，毎日」

「お母さんが？」

「うん。お父さんとお母さんのケンカも増えてる。死にたい気持ちはお母さんには怖くて言えない……お母さんのことは好きなんやけど」

そう付け加える様子がさらにつらそうに見えた。

昨夜，父親から二人で夕食に行こうと誘われ，気乗りしないが行ったところ，「今のおまえは負けている。妹（重くはないが持病がある）のほうがおまえより大変なんだから，迷惑をかけるな」などと叱責された。また，「高2になるまでに元気になれ」とプレッシャーをかけられた。ヒカルさんはつらかったが我慢して聞いていたという。

「ほとんどお父さんのせいでこうなってるのにって思った」

「お父さんとお母さん二人じゃなくて，お父さんのせいっていうのは？」

「お父さんが怒鳴ったり，もの投げたり，私にも当たったりして，それで人が怖くなって……」

と父親を責めた。

父親との昨夜の会話をヒカルさんから聞いた母親は，父親のことが怖いならしばらく一緒に夕食をとるのをやめようと提案してくれた。しかし一方では「春休み中に（次の学費を納入する前に）学校を続けるか辞めるか決めないと」と言ってきたりする。聞こえよがしに「早く決めろ」と捨て台詞を吐くこともあり，こういう母親からの予期しない傷つく言葉は中学の頃から続いているという。

優しいことを言ったかと思えば，責め立ててくるような母親からの予測不能なコミュニケーションにうちのめされている様子であった。

最近は食欲がなくあまり食べていないと言うので，SCが学校の近所で買ってきた焼き芋を渡すと「おいしい」と言って，やっと半分を食べることができた。

第4回目（X年2月）

2週間後。前回より表情良好。先週，母親とAクリニックを受診した。主治医が母親に「あまりきつく言ったら逆に学校に行けなくなるからね」とやんわりと伝えてくれた。母親が診察室にいないところで希死念慮についても主治医に伝えることができ，新たに抗不安薬が追加された。それを飲んでも効いている気はしないものの，今週は昨日も一昨日も教室に入ることができ

たと報告があった。父親のことは家の中で避けている。

第5回目　X年3月

　1週間後。前回同様，表情は良好。先週末にAクリニックを受診し，夜眠りやすくなる薬を新たに処方された。朝は起きにくいが，母親が「早く起きなさい」と言いにくるのでしんどい。父親のことは引き続き家の中で避けており，父親もそのことに気づいている。

　ヒカルさんが妹との会話を教えてくれた。

　「妹に『うちの家族（両親）変だよね』って聞いたら，『え，そんなこと小学校の時から思ってた』って言われて，驚いた」

　「さすがだね」

　「そう。でもこれからは妹とも親についてこれまでよりいろいろ話せそうな気がする」

　春休みは無理をしないようにすること，死にたい気持ちになった時には，主治医やその時言える人に必ず伝える約束をして，3学期の面談を終了した。

第6回目　X年4月（高校2年生）

　表情は良好。新しいクラスになり担任も変わった。先週は登校でき，クラスにすでに新しい友だちができた。授業中は「変な声」が聞こえたり，心臓がバクバクしたりする。

　医療連携のため，新しい担任やSCが主治医に会いにいってもいいかヒカルさんに尋ねると，良いとの返事だった。母親にも了解をとりたいことを伝えた。春休みで登校がなかったからか母親は厳しくなく，両親のケンカも減っている。父親とも以前よりは少し話すようになってきた。

　来週からゴールデンウィークだが，平日は登校日なのでその日に会うことを約束した。

第7回目　X年5月

　2週間後。朝，SCが出勤の用意をしていると，スマホに学校から何度か

不在着信の履歴があった。嫌な予感がしつつ，慌てて学校へ電話を折り返すと管理職が言う。

「ああ，先生。先生にみてもらっている高2の女子生徒が自殺未遂を図りまして」

もちろんヒカルさんのことが頭に浮かんだ。「自殺未遂」という言葉に恐怖を感じながら，

「それで，ご本人は？」

と管理職の言葉にかぶせるように聞くと，

「無事です。命に別状もありません。何でも，今朝早くに大きな橋の欄干で深刻な顔をして川を見つめている女子高生がいると言って，通行人の方が心配して警察へ連絡を入れてくれたそうなんです。今は警察に保護されています」

命に別状がないと知り，ひとまず安心することができた。管理職が続ける。

「本人が警察で，死にたい気持ちはスクールカウンセラーの先生に話していると言っているそうなんです」

その言葉を受けて，SCも警察署に向かうことにした。担任も自宅から向かうとのことで，取り急ぎ自宅から担任へ電話をかけた。2年生になって受け持ち始めたばかりの担任だが，1年生の時からヒカルさんの事情を学年の教員として把握してくれており，先週もSCとヒカルさんについて情報共有を行っていたことは幸いだった。電話では簡単な情報共有をし，その後は互いに警察署に向かいながらテキストメッセージでのやりとりを適宜続けた。

警察署への道中，勤務校のSSWにもこれから起きうる事態に備えるため，テキストメッセージで連絡を試みた。入院あるいは両親による面前DVで虐待という判断になれば児童相談所に一時保護もありうるのかと思い，この地域の児童相談所の雰囲気を尋ねた。すぐにSSWから返信が来て，管轄の児童相談所は個室があり，思春期の子が入るには適切な環境があることを教えてくれた。的確な助言がありがたかった。

結局は，SCが警察署に到着するまでに入院の方向で話がまとまっていた。

警察署に到着すると，先に着いていた担任がエレベーターホールまで迎え

にきてくれた。
「今，ヒカルと話していました。落ち着いてしゃべっています。母親も署に来ているらしいですが，本人が会いたくないと言っているので会わないようにしてくれるようです。僕もまだ母親には会っていないです」
と，簡潔に今の状況を説明してくれた。
「少年調査室」と書かれた部屋に担任と一緒に入り，
「ヒカルちゃん」
と声をかけると，ヒカルさんはこちらを見て少し安堵の表情を見せた後，眉間に皺を寄せ申し訳なさそうに，
「あー，牧先生，すんません」
と謝った。高校生なのに大阪商人みたいな言い方だと担任もSCも一緒に笑った。

SCが到着するまでのわずかな時間で，担任が十分にヒカルさんの緊張した気持ちをほぐしてくれているのが部屋の雰囲気で伝わった。ヒカルさんがポツリ，ポツリといきさつを話してくれた。

まず，3日前に病院から処方されている薬を30～40錠飲んでしまった。この時も死のうと思って過量服薬している。かなり長い時間寝たが大事に至らなかったため，過量服薬について母親は承知していないという。一昨日は友人の家に泊めてもらうつもりだったが，最近のヒカルさんの様子を心配していた母親が，帰ってこないなら警察へ連絡するとLINEで言ってきたので渋々家に帰った。昨日の晩，連休中の父方祖父母宅への帰省の滞在日数をめぐって姉妹ともに不満を言ったため「家族会議」となり，父親からかなり強く姉妹は叱られた。

そして，今朝早く家を出て橋に向かった。死のうと思った。

警察では「家に帰りたくない」と言い，入院することに同意した。後で到着した区の保健福祉課の精神保健福祉士（以下，PSW）に会ってすぐに
「あの……入院中ってお母さんと面会はあるんですか？」
と不安を口にした。昨夜の嫌な出来事の相手は父親のはずだが，ここでも母親に会うことを怖がった。その一方で，

「お金のこと（入院費）で負担をかけたくない」
とも発言した。PSWから
「お母さんも，入院してよくなってほしいと言ってたよ」
と伝えられるとほっとした表情を見せた。

この日は，ヒカルさんの誕生日で，ヒカルさんのスマホには次々と友人たちからお祝いメッセージが送られてきた。それを知り，SCはヒカルさんが本気で死ぬ気だったのではないかと怖くなり，
「ヒカルちゃん，もしかして誕生日だから死のうと思ったの？」
と尋ねたが，ヒカルさんは，
「ううん，それはぜんぜん関係ない。昨日あんなことがあって死にたくなって，たまたま今日」
と何かを隠している様子はなく素直に答えた。入院すると一時的にスマホが使用禁止になるとPSWから聞いていたヒカルさんは，
「今のうちにみんなに返事しとかないと」
と言って，せっせとお祝いメッセージに返信していた。

入院病棟がある精神科B病院へ入院が決まり，SSWへ病院名を送ると，思春期の患者をていねいに診てくれるよい病院だと返事があり，担任と一緒に安堵した。

ヒカルさんは入院後に学校復帰ができるかどうか不安がっていたが，担任とSCで，元気になったら再登校できると励ました。入院先へ移動する車から手を振るヒカルさんを担任と二人で見送った。家に帰らなくてもいい安心からか，ヒカルさんの表情はむしろ明るくさえ見えた。

X＋1年6月

医療保護入院⇒任意入院⇒一時退院（5月末）を経て，退院の運びとなった。

週末の一時退院は家で楽しく過ごせたようだ。一時退院時に担任が両親と面談をし，今後も複数の機関を利用しながら一緒に回復を目指そうという話をした。また，SCへ相談してみることも両親へ勧めてくれたという。

父親は「娘に高校を卒業させてあげたい。無理やり家に戻そうとは思っていない」とヒカルさんを気遣う様子を見せていたとのことだ。母親からの思いは聞くことができなかったという。その後，退院時カンファレンスが開かれ，ヒカルさん，主治医，看護師，ソーシャルワーカー，両親，担任が出席し，今後の方針が話し合われた。

第8回目　X＋1年7月

　警察署で会って以来約2ヵ月ぶり。先週は体調がすぐれず登校できなかった。

　入院中は両親との面会は拒絶していたが，妹だけには来てもらった。妹から両親は相変わらずケンカをしていると聞いていた。

　退院後の父親は優しい。学校へも車で送ってくれる。B病院を退院後はもともとかかっていたAクリニックではなく，別の精神科Cクリニックに転院することになった。入院時のB病院の主治医から自身の病状についてどんなふうに説明を受けているか尋ねてみた。

　「統合失調症の疑いって先生には言われた。だから，自分なりにネットで調べてみたりした。その通りと思う症状もあった。退院してからも脳に黒いモヤがかかっているみたい。何かに操られている感じがする。自分が何するかわからない。飛び降りたり，誰かを傷つけることを言ったりしたらどうしようっていう感覚にかられている」

　入院中は拒食気味であったが，今は過食嘔吐に転じている。

　訪問看護に週3回（1時間ずつ），20代のとても話しやすい女性の看護師が来てくれるようになり，死にたい気持ちになったりしたらすぐに電話してきてよいと言われている。

　一方で，今も家族で過ごす時間は「しんどい」。夏休みに毎年出かけている海水浴場への旅行に行くか行かないかで両親がもめているのを聞くと再び苦しくなった。

　面談を継続したかったが夏休みに入ってしまった。

第9回目　X＋1年11月

　9月半ばに，自分で自分のことがわからなくなったり，眼球上転の症状が出たりなどの統合失調症の急性期症状が出たため再びB病院に入院した。入院後速やかに症状は改善し，病棟内では落ち着いて過ごせていた。体調もよく，拒食も過食嘔吐もなく食事を普通通りとれているため今月初旬に退院となった。通院していたCクリニックは待ち時間が長かったため，今回は精神科Dクリニックを紹介され転院予定だという。以前受けていた訪問看護サービスは継続して受けられる。

　「(両親は) 1回目の退院後よりずっとマシで，物を投げたりするようなケンカはなくなったけど根本的には変わらない。『ケンカやめて！』って言うんだけど，お母さんは『これはケンカじゃなくて"意見の言い合い"』って言う」

　「なるほど，意見の言い合いか。妹さんはお父さんとお母さんがその言い合いをしている時はどうしてるの？」

　「妹はそういうの見ても『うるさい！　あっちでやれ！』って直接言うし，自分の部屋にすぐ帰っちゃう」

　「そうなんだ。でもヒカルちゃんは？」

　「私はその場にいて，間に入って疲れちゃう。一緒に住みたくない」

　「きょうだいゲンカっていうのは，よく親が仲裁に入るものじゃない？でも，いま聞いていると，ヒカルちゃんは両親のケンカの仲裁に入らないといけなくて，まるで親の親，つまりおじいちゃんやおばあちゃんの役割を高校生であるヒカルちゃんが担わされてる感じだよね？」

　「ああ……。ほんまや」

　「それは高校生の娘であるヒカルちゃんが背負うにはちょっと大変すぎる役割なんじゃないかな？」

　「たしかに」

　「たとえば，今度から両親の言い合いが始まったら仲裁せずに，自分のお部屋に戻って，言い合いの声が聞こえないように好きな音楽とかを聴くのはどうかな？」

「うん，それがいいかも。ちょっとやってみる」

とヒカルさんは答えてくれた。SCは，ヒカルさんに両親の仲裁役をいったん降りてほしくてこのような提案をしてみたが，それがたとえしばらくうまくいったとしても，両親のケンカがおさまらないことは想像できた。ヒカルさんが本当に怖がっているのは両親のケンカそのものより，ケンカの後で生じる母親からの八つ当たりや傷つく言葉なのではないかと想像した。それをできるだけ生じさせないためには，やはり父親に協力を願おうとSCは考えた。ヒカルさんに優しくなった今の父親なら変化を受け入れてくれそうだとも期待した。

「今度，お父さんにもここに来てもらおうよ。お父さんとお母さん二人とも来てもらうより，お父さんだけのほうがいいんじゃない？」

「うん，そのほうが絶対いい。パパはたぶん言ったら来ると思う」

と明るい声を出す。予想通りだった。

「私がお父さんを叱ろうかしら？　娘におじいちゃん，おばあちゃんの役をさせるなって」

「うん，うん。そうしてほしい」

と言ってヒカルさんは笑った。

カウンセリング中は一貫して明るく穏やかに話をしていた。ただ，終盤に差しかかった時，また調子を崩したらどうしようという不安がヒカルさんから感じられたので，SCは明るく言った。

「またしんどくなったら入院したらいいよね」

すると，ヒカルさんは暗い表情から一変して

「うん，そうですよね」

と言い，笑顔に戻った。

1学期のほとんどと2学期も再入院で欠席を続けていたため，進級できないことが確定してしまっていた。ヒカルさんは両親と担任と相談をして，通信制高校に転出することに決めた。SCは父親にもできればカウンセリングに来てもらえるよう担任から伝えてもらうことにした。

第10回目　X＋1年11月下旬

　初めて父親がヒカルさんと共に来談した。すでに父親と面識があった担任もカウンセリングに同席してくれることになった。入室直後のヒカルさんの表情は硬く，父親がソファに座るのを緊張しながら見ていた。SCが父親に来談してくれたことを労うと，担任も

　「お父さんも『ヒカルのためなら』って言ってくれていて」

　と言って場を和やかにしてくれた。徐々にヒカルさんの表情も和らいでいった。

　SCはヒカルさんに尋ねた。

　「前回のカウンセリング以降，どう過ごしてた？」

　「パパとママの言い合いはまだあるけど，あんまり気にならなくなってきた」

　とヒカルさんは言い，その横で父親がバツが悪そうに頭を掻いている。

　「気にならなくなった。それはどうして？」

　「前に話したみたいに，言い合いになったら自分の部屋に戻って音楽を聴いたりしてた」

　「すごい，あれをやってくれてるんだね」

　と，SCはヒカルさんを労った。父親が

　「自分も母親とケンカしないように意識はしてるんですが，ついつい言い合いになってしまって。自分が一言多いもんで……」

　と言うと，ヒカルさんが父親を睨みつけながら言う。

　「そう！　パパ，ほんまにしょうもないこと言うんです。あの頭の中に聞こえてくる変な声がママの声だというのはママには言ってなかったのに，パパがこないだママにそれを言ってしまって，それでママが落ち込んで」

　ヒカルさんは以前と違って父親に遠慮なくものが言えるようになっているようだった。父親はさらにバツの悪そうな顔をした。でもその様子はどこかひょうきんで芝居がかってもいた。SCは父親に尋ねた。

　「お父さん，さっき一言多いっておっしゃっていましたね。たとえばどんなことを？」

「あぁ，ほんとに些細なことなんです。たとえば，このおかずの味が薄いとか」

「あー」

本当に一言多いという声をSCは出した。

「で，それでどうなるんですか？」

「たいていは，そういう嫌味を自分が言うのがきっかけになって，母親が怒ってケンカが始まる」

「ところで，味が薄いのは我慢して食べるんですか？」

「いや，塩を足したりして」

「それは，お母さんは何もおっしゃらない？」

「あ，そうですね。味を足すのは何も言わない。自分がそんなに料理が上手じゃないってわかってるので」

「嫌味を言わなかったらケンカにはならない。じゃあ，今度からは黙って塩なりなんなり足すというのでいいですよね？」

と言うと，父親は頭をまたポリポリと掻きながら

「はい，そうします」

と答え，それを横でヒカルさんがニコニコしながら見ていた。ヒカルさんはSCを味方につけてさらに続けた。

「パパが愚痴が多いからママとすぐ言い合いになる」

父親は，今後は言い合いが始まっても，なるべく自分から別の部屋へ退散するなど工夫してみること，言い合いのもとになるような母親への嫌味も封印すること，今後はヒカルさんのよき相談相手になることを約束してくれた。父親は，ヒカルさんの今後の学業に関しても無理しないでほしいという思いを語った。

最後にSCと担任から父親の協力に感謝を述べ，なごやかな雰囲気で面談が終わった。

第12回目　X＋1年12月上旬

　2週間後。ヒカルさんが一人で来談。前回父親とカウンセリングを受けて

以来，家庭では父親が母親に対して嫌味や愚痴を言うことが減り，両親のケンカがなくなってきた。その影響か，ヒカルさんの体調もよい。今月中旬から市内の通信制高校へ転学が決まったと報告があった。新しい環境への不安もあるが楽しみにもしていると話した。

今日は担任と一緒に教室にも行き，久々にクラスメートとも会えた。

「変な声」はもう聞こえなくなったが，電車に乗ると周りの人の考えが自分の頭の中に入ってきてしまう気がすると言い，今朝は電車に乗るのが不安で自転車で40分かけて登校して来た。「変な声」は治まったがまだ体調は万全ではないことがわかる。

新しく通い始めたDクリニックの主治医はていねいに話を聞いてくれる。訪問看護も以前と同じ看護師が定期的に来てくれている。安心だ。

転学するので，やむを得ずこれでカウンセリングは終結となってしまうが，SCは最後にヒカルさんに伝えた。

「次の学校に通い出して落ち着いた頃にもう一度顔を見せにきて。学校には転学してもフォローアップであと１，２回はここで会わせてほしいってお願いしてあるから」

「うん，また会えるならよかった。じゃあ，また来ます」

と言って，ヒカルさんは相談室をあとにした。

第13回目（フォローアップ面談）　Ｘ＋２年７月（高校３年生）

最後のカウンセリングから約半年。その間も当時の担任が時々ヒカルさんから近況報告を受けており，今は元気に通信制高校に通っていると聞いていた。

ヒカルさんはまずは１年時の担任に会いにいき，笑顔で会話を交わし，時折他の教員からも「おー，ヒカル。元気か？」と声をかけられるたびに「はい，元気にしてます」と愛嬌のある笑顔で答えていた。２年時の担任とも談笑し，相談室へと連れられてきた。ここ最近の様子を聞くと，

「パパはママへ今も愚痴を言わないんです。だからケンカはなくなった」

と先に両親のことを教えてくれた。

「お父さんにあの時たった1回会っただけなのに，お願いしたことを今も続けてくれているんだね」

と返すと，ヒカルさんは満足そうにうなずいた。ヒカルさんと両親それぞれとの関係も良好だ。

「変な声」も減った。電車やバスにも一人で乗れる。転学した通信制高校では新しい友だちもでき，校外学習などの学校行事も楽しめている。県外への大学進学のことも考えており，うまくいけば大学近くの叔母の家から通うことも検討されているとのことだった。そんな話が現実的になってきて父親が急に寂しがっているそうだ。

「一番しんどかった時が10点だとしたら，今ってどのくらいなの？」

と尋ねると，

「今は3点くらいかな」

と言ってヒカルさんは微笑んだ。居酒屋のアルバイトは自分のペースでいいとマスターから言ってもらえて週に1度程度の仕事を続けている。ほかにも楽しい雑談を続けていると，ヒカルさんは

「そうだ，先生。あのB病院の近くにめちゃくちゃおいしいパン屋さんがあるんです。1回行ってみてほしい。ほんとにおいしいから」

と，Googleマップを開いて見せてくれた。何度も入院して嫌な印象のある病院ならその近くのパン屋にも寄りつきたくもないだろう。B病院であたたかい治療と看護を受けていたことがうかがわれた。

これからも家族や友人，医療機関，訪問看護師，新旧の担任の先生たちなどいろんな人の力を借りながら，ヒカルさん自身の朗らかさを強みになんとかやっていってくれるように思えた。

その後，ヒカルさんは県外の第一志望の大学に合格し，寮生活を始めたそうだ。

解　説

学校臨床の事例を見ていただいた。学校でカウンセラーをやるという性質

上，卒業したり転学したりしたら，そこでカウンセリング契約を終了させなければならない点が他機関でのカウンセリングと大きく異なる。契約終了の時期が迫ってもまだそのクライエントに支援が必要だと思われる時，その先もクライエントが安心して相談できる場所を紹介したりするのは大事な仕事の1つだ。ヒカルさんの場合は，自殺の恐れというネガティブなできごとをきっかけに，警察，福祉，医療，学校など複数の機関が総動員となった。入退院を繰り返しながらも必要なサービスが受けられるよう関係各所が動いてくれており，今の回復はそれなしでは語れない。

　本事例は，クライエントが入院すると落ち着くが，退院して家庭に戻るとまた従来の家族のコミュニケーションのパターンに巻き込まれて調子を崩してしまうという典型的な例ともいえる。学校の長期休暇や急な入院があり，父親への介入が後手に回ってしまったことに悔いが残るが，最後に父親と会うチャンスを担任が作ってくれ，父親が抵抗少なく変化を受け入れてくれた。

　本事例のように，クライエントに統合失調症という診断名がつく時，「治る」あるいは「治らない」など，「病理・病態」のほうに関心が向かってしまうことがある。本事例では，拒食・過食嘔吐や両親による面前DVなども同様で，一見「手に負えないような」名前がついているものに出会うとセラピスト側が恐れをなして頭がサボりだす（筆者の場合は）。そんな時は自分の頭に指令を出す必要がある。セラピストの頭の中の治療開始だ。

「"問題"ではなくてシステムを見るんでしょ」

「"問題"を信じてしまってるんじゃない？」

と声をかけ，「いま何が起きているか」「目の前の人は何に一番困っているか」「何を伝えようとしているか」の基本に立ち戻らないといけない。

　H先生から教わったことを復習だ。

　「問題のあるクライエント」「問題のある家族」「問題のある○○」といった枠組みや言説を本気で信じないようにしなさい。それを常に脱構築しなさい。まず君の頭の中を脱構築できないかぎり，三界は唯心の所現というように，君の目の前にはいつまでも「問題のクライエントや家族や○

○」がデンと存在していることでしょう。一番の治療の対象は，クライエントでも家族でも○○でもなく，君自身の頭の中なのです。「問題のクライエントや家族や○○」は君自身が作っているのです（東，2016）。

　本事例の場合だと，「問題の両親」「父親が問題」「母親が本当は問題」「統合失調症の再発が問題」など問題を語ろうと思えば，いくらでも切り取ることはできるかもしれない。しかしセラピストが何かを問題と本気で信じれば信じるほど，希望の光が逃げていってしまう。第3回目面接の時，ヒカルさんが「お父さんのせいなのに」と問題の枠組みを提示してくれたことで，「そっか，お母さんが問題って言わないんだ」と気づかせてくれた。そのおかげで，筆者自身の中にうっすらできあがりつつあった「本当は母親が問題なのでは？」の意識から自由になれた気がしている。そこからは，システムの観察に意識を戻し，ヒカルさんの「お父さんが問題」の枠組みにうまく乗ることもでき，筆者自身はカウンセリングが楽になった。ヒカルさんの枠組み通りに父親に変化を求めることで夫婦関係のシステムに変化が生じ，それが親子関係やヒカルさんの心身にもよい影響を与えたといえる。
　本事例を通して，ジョイニングや肯定的な雰囲気をつくることにも心を配るよう努めたが，それらは文中の雰囲気で感じ取ってもらえるとありがたい。
　セラピストの頭の中の治療を今日も明日も続けたい。

［文　献］
東豊（2016）「私の臨床と教育—学生達に伝えたいこと」中村伸一，精神療法編集部編『精神療法を教え伝える，そして学び生かす』（『精神療法』増刊3号）79-83頁

第6章

システムズアプローチはアメーバである

Miyagawa Shunsuke
宮川俊介

はじめに

　システムズアプローチ（以下SA）は，アメーバのようである。アメーバの一般的用法を辞書で調べると，「変幻自在な不定形の生物。その増殖速度から，急激に拡大する事物の比喩として用いられる」とある。形があるようで形をもたない。縦横無尽に動き回り，つかみどころがない。SAへの私の印象もそれに似ている。H氏（以下H）のスーパーバイズ（以下SV）を受けるまで，私の臨床は，はっきり言ってうまくいかなかった。中断も多く，初回で来なくなるケースも多かった。しかし，自分でもなぜうまくいかないのか，説明できなかった。臨床家として致命的であった。HのSVを受け，SAを徐々に自分のものとし，臨床が上達していく過程で，今までの自分の臨床がなぜうまくいかなかったのか，少しずつ理解できるようになった。そして，今回の原稿を推敲していく中で，その理由がより明確になったような気がしている。水を得た魚のように，自由に動き回るSAのイメージ。それとともに，それ以前の私の臨床が「動きのない，硬いイメージ」をもって浮かび上がってきたのである。私の臨床が，硬直したイメージから，軽快で広がりの

あるものへと変容していった過程を，以下に述べてみたい。これからSAを学ぼうとする読者にとって，少しでも参考になれば嬉しい。

私の履歴書

　私のセラピスト（以下Th）としての出発点は，警察での非行臨床の場であった。警察は家族療法のメッカで，同僚も家族療法やブリーフセラピーをやっている方が多かった。私はというと，大学院時代から精神分析系の先生にお世話になっていたこともあり，力動的（中途半端なものではあったが）な立場を取っていた。現場では，他のオリエンテーションを取る同僚と母子並行面接をすることが常であり，彼らとは話がかみ合わないことが多々あった。今思えば，独りよがりで孤独な臨床をやっていたように思う。同僚には迷惑をかけたし，何よりもクライエント（以下Cl）に申し訳ないことをしたと思っている。

　「私はなぜ，最初のオリエンテーションを精神分析にしたのだろう？」。この原稿の依頼をいただいてから，じっくりとそのことについて考えてみた。精神分析のパワーはすさまじい。フロイトの男らしい豊かな髭と鋭い眼光は，何か深遠なものを私たちに教えてくれそうではないか。そんな憧れから出発したからか，今も私は精神分析が大好きである。しかし，思い返すと，精神分析の権威的なところを垣間見た当時のエピソードが脳裏に浮かぶ。大学付設のカウンセリングセンターに非常勤で勤めていた頃のことである。精神分析系の先生が，分析理論を振りかざし，大学院生を高圧的な態度で叱りつけていた。その振る舞いは，精神分析こそすべてと言わんばかりであった。私も精神分析のある種の「完璧さ」に圧倒され，憧れ，心酔していたため，その他の理論への物足りなさを感じ，「精神分析こそが最強」と思っていた。その姿勢は，まるでカルト宗教の信者のようであった。

　精神分析教に入信していた当時の私は，相変わらず警察の同僚との連携に苦労していた。その頃の，ある同僚男性との印象的なエピソードがある。彼は，毎回のように面接時間を延長していた。精神分析こそが正しく，すべて

の理論の代表であると本心から思っていた私は，同僚の延長をアクティングアウトだと決めつけ，毎回，彼にその意味を問い質していた。ある日，教条主義的な私の姿勢に耐えかねたのか，彼は私にこう言った。「宮川さんのおっしゃりたいことはわかる。でも，僕にとって，ここでの臨床はきちんとしたカウンセリングといえるようなものではないんです。もっと，自由なものなんです。私は私のやり方でやってみたい。失敗したり，試行錯誤したりして，自分なりの方法を見つけていきたい」。私は蔑むような目で，彼の考えを聞いていた。しかし，今思えば，同僚の発言には"真実"が含まれていた。

　そもそも，非行少年は行動化が激しい。カウンセリングの継続中にも，家出や万引きをして，頻繁に補導される。また，児童相談所から呼び出されたり，少年鑑別所に入ったりすることも多い。カウンセリングが中断するのは，日常茶飯事なのである。そのような領域で臨床をするにあたって，その同僚は自分に合った方法を模索し，自分の眼で選び取ろうとしていたのだと思う。私はというと，臨床がうまくいっていないのに，自分に向いているのは精神分析であると盲目的に信じ，それを他人に押しつけようとしていた。同僚にとってみれば，何ともたちが悪い，面倒くさい人間であった。

　それから，私の中にだんだんと迷いが生じていった。「自分なりの方法」という同僚の言葉が，いつまでも頭を離れなかった。「このまま精神分析に拘っていて，本当にいいのだろうか」。同僚の言い分に，反論できない自分がいた。たしかに，目の前に困っている人がいて，何の先入観ももたずにその人の話を一所懸命聞き，これからどうしていけばよいかその人と一緒に考えられたら，一番その人のためになるのではないか。次第にそう考えるようになっていった。心理療法における純金主義という考え方があるが，当時の私は，精神分析という純金に囚われすぎていたのではないか（山崎，2024；斎藤・東畑，2023）。今ならそう思える。しかし，当時の私は，迷いの中に立ち尽くし，自分の方向性を見失っていた。その後，精神分析だけでは限界を感じた私は，認知行動療法を学ぶことになるが，結果，同じような原理主義に陥ることとなったのは，何とも皮肉なことである。

Hとの出会い

　そのような折に，私はHのSVを受ける幸運に恵まれた。警察を退職して，開業をした年であった。今日まで3年5ヵ月にわたり，週に1回ないしは2週に1回のペースで，計100時間以上のSVを受けてきた。まだまだ道半ばではあるが，少しずつSAの本質がわかりかけてきたように思う。

　SVを受ける中で，Hから再三にわたって指摘されたのは，私がすぐに診断めいたことをしていたということである。それは，とても静的で硬直した見方であった。Hは，自分の価値観を一旦脇に置き，目の前のClとの対話の流れの中で，その都度見立てていくという"動き"を私に与えてくれた。それはまるで，ボクサーがジャブを打ちながら，相手の動きやコンディションに応じて，自分の攻め方を変えるのに似ている。そうしてできあがった，私のSAの型を披露したいと思う。まだまだ粗削りであり，理解が及んでいない点もあるかもしれないが，ご容赦願いたい。読者には，私にはまだ成長の余地があると，肯定的にリフレーミングしていただけると幸いである。

　SAを理解するための私なりのイメージがある。それは，キーワードを総論と各論に分けて理解する方法である。キーワードをバラバラに理解しても，複雑になりわかりにくい。Hは，SVで同じことを表現を変えながら，何度も繰り返した。今思うと，それはSAの本質的な部分であった。つまり，総論的に一本筋が通った幹が理解できると，残りはその枝葉（＝各論）に過ぎないことがだんだんと見えてきたのである。

　以下に，SAに基づく心理支援を行う際に，私の頭の中で駆けめぐる「思考の連なり」について述べる。（1）から（3）までが総論，それ以降の（4）から（8）までが各論の部分である。そして，その際には，できる限り「SAを学ぶ前の私であればどうしていたか」ということを対比的に示してみたい。

（1）社会構成主義の立場を取る

　社会構成主義の立場は，SAに基づく心理支援を行ううえで，前提となる

哲学のようなものである。にもかかわらず，この立場に慣れることは，私にとって非常に難しいことであった。というのも，私は自分が思っている以上に，自分特有の信念や価値観に縛られていることを，SAを学び始めて思い知ったからである。精神分析や認知行動療法の理論体系に慣れていた私は，「この人は不安症」「この人はパーソナリティ障害」などと診断的な目で見て，症状や疾患特有のアプローチを想定していた。また，「この人は病態が重いので慎重に関わる必要がある」といった病態水準論に慣れていた。SAを学ぶ前の私にとって，この思考のプロセスを踏むことは，自明であり，疑いを狭む余地すらなかった。なぜなら，大学院での教育以来，ずっとそのように教わってきたからである。それに対して，Hは「問題なんてない。問題となる相互作用があるだけや」と言う。またある時は，「まさかそんなことはないとは思うけど」と前置きをし，「干渉する母親が悪いと思ってはないよね？」「学校に行かないことが問題だとは思っていないよね？」などと言う。私は，あっけにとられた。最初は何を言っているのか，まったく理解できなかった。わかるようになったのは，本当に最近のことである。以前の私は，パーソナリティ障害ならパーソナリティ障害，依存症なら依存症という「実態」があり，「その実態を変えなければならない」という固定観念があった。これを本質主義という。医学モデルは基本的に本質主義に立っている。異論はあるかもしれないが，精神分析も認知行動療法も，基本的に医学モデルに依拠している。それに対して，SAはポストモダン的な思想潮流の影響下にある。すなわち，「コミュニケーションの相互作用の中で現実が構成される」という社会構成主義の立場を取る。私にとって，この考え方に慣れることが，SAを習得するうえで一番の壁となった。ところが，ある時，「いや待てよ，これ仏教じゃん」と閃いたのを機に，一気に理解が進んだのである。たしかに，Hはしばしば仏教や神道の概念を援用し，SAの本質を説明している。それゆえ，ポストモダン的な思考法を直輸入するよりも，私の中にすでにある宗教的な世界観によって捉え直したほうが，SAを理解しやすかったのである。

(2) プラグマティズム

　SAは合目的的な方便である。目的を叶えるために,「こんな風に考えると便利」というものの見方のことである。Hはよく,助言に用いる素材について,「本当にそれがあるかどうかには関心がない,それが変化させるのに使えるかどうかなんや」と言う。つまり,Clのために役に立つことであれば,倫理的に許されることなら,どんなことでも採用するという立場を取る。逆にいえば,Clの価値観に反する理論や技法は,社会通念上重視されていることであっても,科学的にエビデンスのあることであっても,Clに役に立たないので採用しない。そういうわけで,SAにおいて,プラグマティズムは,Clの枠組みを大切にする社会構成主義的な立場と,密接な結びつきをもっている。

(3)「視点をシフトする」

　私は,HのSVを受け,SAの本質はこのイメージをもつことだと考えており,すべてのケースに臨む時の基本姿勢としている。Hは,「視点をシフトする」ということを,いくつかのわかりやすい比喩を用いて表現する。「オーバーフォーカスとデフォーカス」「ぎゅっと絞る,ぽわっとぼかす」「ずらす」「引きはがす」「局地戦」などである。SVでトラウマセラピーを実施した事例を報告した時のことである。Hから「トラウマセラピーもちょっとずらしてるやん」と言われ,まさに「目から鱗が落ちた」のである。たしかに,Clの目線を徐々にシフトしていく作業の連なりがSAだとすれば,これまでの心理療法の各理論は,最初から"ずらす"作業をしていることになる。もちろん,「シフトする」対象は,認知であったり,イメージであったり,身体であったり,家族関係であったり,問題維持システムに含まれ,Clの受け入れやすいものであれば,何でもよいということになる。「視点をシフトする」ためにさまざまなコンテンツを利用する,それがSAの哲学の要なのだということを,この時はっきりと理解したような気がした。その一方で,Clの主訴やニーズに,そのまま正面から取り組んでいく方向性もありうる。Hはこの戦略を「オーバーフォーカス」とか「局地戦」という言葉で表現した。

先に述べたようなトラウマセラピーや認知行動療法，来談者中心療法，精神分析などは「ソフトにずらしている」のだが，正面から取り組んでいるようにも見えるので，「局地戦」といえば「局地戦」なのである。

（4）ジョイニング

　ラポールという言葉がある。ラポールはカウンセラーの三条件に基づいて形成すると教わったと思う。ジョイニングは，ラポール形成の要素を含んではいるものの，それとは異なる側面をもつ。すなわち，Clの価値観を知ろうと努め，Clに溶け込み，受け入れてもらうための作業である。そのために，自分の中の枠組みを一旦保留する。Clが専門家らしさを求めるならそのような姿勢を見せるし，必要ならば，“普通のおじさん”の顔をしてClと世間話をすることもある。三条件の中に「純粋性」という概念がある。私の理解では，カウンセラーが“自分らしさを失わない”ことだと捉えている。その意味で「純粋性」は，“固定的”な印象を与える。それに対して，ジョイニングは，カウンセラーが自分らしさを一旦脇に置き，Clの好みに合わせて態度を変えるため，“動き”を伴ったイメージを喚起する。

（5）情報収集

　医学モデルに立つ心理療法では，過去から現在までの推移をもとに総合的なストーリー構成をし，見立て，介入方法を選ぶ。この作業が当たり前だと思っていた私は，SAを学び始めてからも，同様に網羅的に情報収集していた。たとえば，子どもの不登校の相談に来た母親の語りの中に「発達障がい」という枠組みがなくても，母親の語る子どもの様子から，Thが「発達障がい」の可能性を疑い，過去の発達歴を詳細に聴取するといった行為がこれにあたる。精神医学的診断面接や医学モデルに立った心理療法では，当たり前に行われていることである。それに対して，SAではジョイニングによってClの語りの方向についていき，発達，構造，機能（意味）のどの水準で変化を狙えるか検討する。Hは言う。「過去にあったことが本当かどうかはどうでもええねん。それが使えるかどうかなんや。過去を聞いてもええけど，

過去を聞くことが絶対ではないで。過去を聞くことが変化を作るのに使えるかどうかなんや」。大切なのは，使えるものを探すという視点である。ミルトン・エリクソンが好んで用いた「利用法」というやつである。本質主義による医学モデルに立っていると，過去が現在に影響を与えるという前提があるので，網羅的に情報収集することになる。それが悪いのではない。SAではそうしないというだけのことである。

（6）介入計画と下地づくり

　情報収集の段階と密接な関係にある。発達，構造，機能（意味）の水準で変化を狙える素材を探し，その周辺部分の事実確認や変化前，変化中，変化後などの状態を確認する。関係性に注目した質問をどこかで狭むタイミングを狙うことが，とくに重要である。ThはClとやりとりをしながら，介入ポイントの当たりをつけ，Clの意識をそちらのほうに徐々に向けていく。その際に，話をスムーズにつなげていくためには，ブリッジをうまく行う必要がある。ここでの質問ややりとり自体が，小さい介入となってClの意識づけにつながり，メインの介入への呼び水となる。

（7）メインの介入

　あえて，メインの介入と書いた。小さいジャブを打って当たりをつけていき，方向性を絞り込みながら，メインとなる介入が決まっていく。Hは，一度決まったら，この方向で行こうと強く腹に決めると言う。私は，Hのようにはいかないので，ウジウジしながら，右往左往しながら，恐る恐るメインの介入を決める。その分，時間がかかったり，焦って失敗したりする。介入は，Clの価値観に沿っていて，倫理的であれば何をしてもよい。それに加えてエビデンスがあれば，なおよい。ただし，エビデンスがあってもClの価値観に反していたら使えない。

　介入は，「変化か不変化」のどちらかである。そのうえで，「セラピューティック・ダブルバインド」「リフレーミング」「パンクチュエーションの仕方を変える」「さまざまな心理療法理論や技法」などの方法を，単体もしくは

同時並行で用いる。HのSVでよく言われたのは、これらの介入法を「一旦貯金箱に入れておき、いざ介入という段階で取り出して使う」というやり方である。この「貯金箱」という概念も、初めて聞いた時は「目から鱗」であった。スクールカウンセリングのような、面接構造があいまいで純金のセラピーが提供できない現場では、身近で現実的な対応が求められるが、そんな時、SAの貯金箱は威力を発揮するだろう。東畑（2023）は、人類学者レヴィ＝ストロースの概念を援用し、心理支援での身近な対応における、素材選びからサービスの提供までのプロセスを、ブリコラージュ的だと表現した。これは、古代人や世界各地の民族が、布の切れ端や余り物など、あり合わせの素材を見繕って道具を作り、生活をやりくりする様を表現した概念である。SAの、貯金箱から使える道具を選び出し、Clとコラボレイティブに使うという行為は、まさにブリコラージュだといえるのではないだろうか。

（8）仮説設定と介入の「促進と修正」を繰り返す

介入後の変化を確認し、よい状態ならそれを継続する、あるいはその方法をバージョンアップする。もし、介入後に悪化していた場合、新たな展開が生まれた場合は、仮説と介入の修正を行う。

以上が、私がSAを行う際の手順である。便宜上、各キーワードを別々に記述したが、実際の面接では、（1）から（8）までが重層的に響き合う関係をもっている。それはまるで、種類の異なる糸を徐々にねじり合わせ、一本の撚糸ができあがるプロセスに似ている。私は、Hの面接の様子を映像で繰り返し観て、その感覚をつかもうとした（東、2013）。

事　例

ここからは、SAを学んだ後の私の臨床のスタイルの変化について、事例を通じて示してみたい。逐語録では、ケースが大きく展開した局面のやりとりを〈ハイライト〉として提示する。また、──で始まるゴシック体の部分

は，Thの思考の動きを示している。さらに〈レビュー〉という形で，事例の振り返りを行った。年月は，X年〇月，X−1年〇月などと表記した。なお，守秘義務の観点から，個人情報が特定されない程度に内容を改変しているので，あらかじめご了承願いたい。

30代男性Cさんと両親の事例（開業心理相談室）

主訴：「息子が仕事に行かない」

〈経過〉

　X年5月，ホームページに母親から申し込みがある。メールの分量が非常に多い。初回から，母親，息子，父親の3人で来室する。向かって左側に母親が座り，同じソファの右隣に息子，その右隣の椅子に父親が座る。冒頭から母親が矢継ぎ早にこれまでの経過を話した。X−1年3月に9年間勤めた飲食店のアルバイトを辞め，それからずっと家にひきこもっているので，仕事に就くためのアドバイスをもらいたいとの要望であった。

　　——母親と息子の距離が近くて，母親と父親が離れているな。心理的にも母親と息子が近いのかな。メールも実際の印象も，母親のパワーを感じる。まずはしばらく母親についていこう。

　Thは，母親の語りにジョイニングした後，息子に仕事を辞めた経緯を聞いてみたものの，母親が割って入り事情を話し続ける。母親は，息子が誰にも相談せずに辞めてしまったことを嘆いている。Thは再び母親についていき，ほどなくして最初のハイライトが訪れる。

〈ハイライト①〉

　Th：ふんふん，それで今回，このタイミングでお父さんと息子さんも来ていただいた。ええと，皆さんご一緒に来るというのは，どんなふうに決まったんですか？　話し合いとおっしゃってましたが？（全員に向かって）（父親はにこやかだが微動だにしない）

　母親：1週間前に「病気か何かなら精神科に行こうか？」と話したら「病

院は嫌」だと，でもカウンセリングなら父親と一緒であれば行くと言うので一緒に来ました。（また母親が発言する）
Th ：お父さんと一緒なら行くと？　それは，どういうやりとりでそういう話が出てきたんですか？（父親のほうを見ながら）
母親：私がよくないんですけど，「就職活動はしないの？」「これからどうするの？」と問い詰めたら，息子も黙り込んでしまって，食卓にいた夫がそれを聞いていたんですね。（また母親が発言）
Th ：はい，お父さんが？（父親のほうを見ながら）
父親：はい……。「今どうなってるんだ」と。それでも息子が黙っているので，「この厄介者めが!!」「いい加減にしろ!!」と怒鳴ってしまったんです。（父親を直視する）
Th ：なるほど，それで？（父親と息子のほうを向きながら）
母親：そうしたら，息子が「わかったよ」「お父さんが来るなら行くよ」と言うので。（やはり母親が答える）
Th ：はい，なるほど，そういうことですね。お父さんが来るならカウンセリングに行くというのは，どういう心境だったんだろう？　息子さんにお伺いしてもいいですか？
息子：ああ，まあ，うーん，父親がそういうことを言うのは珍しいので，はっとしたというか，やらないといけないかなと思いましたね。（先ほどよりも声が大きい）
Th ：へえ，すごいな，お父さんに言われて，しゃんとせんといかんと気合が入った感じ？
息子：まあ，そんな感じです。
Th ：なるほど。それで，最終的にお父さんに頼んだのは，息子さんから？　お母さんから？
母親：私から「お父さん，一緒に行ってくれる？」と頼みました。
――偶然，父親が母親と息子の間に入ってきたのか。それがカンフル剤になって，息子を動かした。その流れで，母親がお父さんを連れてくることができた。この流れを促進して，息子が問題であるという認識を

変えていきたいな。お父さんを参加させる方向でいいかな。そのあたりを確認していこう。

　話を聞いていくと，父親は，定年まで信用金庫に勤め，細かい数字を扱う業務を担当していた。向いていない業務内容に神経をすり減らし，土日も仕事を持ち帰るほど忙しかった。そのため，母親は常に父親に気を遣い，一人で子育てに奮闘していたが，本当は父親に支えてもらいたかった。息子がひきこもったのは，自分が干渉しすぎたせいだと思っている。しかし，息子の将来のことを考えると母親自身が不安になり，つい息子に仕事のことを聞いてしまう。父親も，以前から母親は息子のことをかまいすぎだと思っていたという。

　——当時は，父親も母親も生活を回していくことで，精一杯だったんだろうなあ。母親も，息子の主体性を大切にしたいけど，自分の不安が強くなるとつい息子に話しかけてしまうのか。母親自身が困っているという文脈になってきたな。父親も母親の関わりを問題視しているし，父親の参加を促して，母親の不安を何とかするという形を作れそうだ。

　その後，2度目のハイライトが訪れる。

〈ハイライト②〉
　Th　：今回ね，来るきっかけになったというか，お父さんが話し合いに参加してくれて，息子さんどうでした？　荒療治というか，びしっと言われたわけだけど，でもそれがよかったわけでしょう？　今後もそういう風に一緒に参加してもらえるといいのかな？
　息子：そうですね。そのほうがいいと思います。（わりとハキハキ答える）
　Th　：どんなふうに参加してもらうといいですか？　何か言ってもらったほうがいいとか……。何かアイデアあります？（息子さんのほうを向いて）
　息子：……（しばらく間が空いて）……何も話す必要はないんです。とに

かく，母親と僕が話している時に，そこにいてくれるだけでいいかな。

Th ：へえ，何も話す必要はないんですね。そこにいてもらえるだけでいいんですね。そうするとお母さんと二人だけの時と何が違うんだろう。

息子：……安心するのかな。何か場が和むというか。やわらかい雰囲気になるのかな。

Th ：へえ，そんな風になるんですね。すばらしいですね。息子さんこうおっしゃってますけど，お父さんがそんな風に参加してくれるようになるとしたら，お母さんにとってはどうですか？

母親：ありがたいです。今までしてほしかったことですから，とてもうれしいです。（先ほどよりも穏やかな口調）

Th ：お母さんこんな風におっしゃってますが……お父さん，大丈夫ですか？　これから，息子さんとお母さんが話している時に，黙ってそばにいていただくだけでいいみたいなんですが？　何かご負担ありますか？　普段お忙しいとか。

父親：いえいえ，もう定年しましたし，時間は有り余ってますので，そんなことで何とかなるなら，いくらでもやります。（にこやかに答える）

Th ：すばらしい。お父さん，ありがとうございます。では，これからお父さんにお二人のそばにいてもらうことで，お母さんが息子さんについ言ってしまうという状況がどうなっていくか，見ていきたいと思うんです。

　2回目以降，父親が二人のそばで見守るという形を維持するために面接を継続したところ，次第に母親の不安が軽減し，息子が部屋に籠ることが減っていった。そして，8回目の時点で息子がハローワークの面接を受けに行くことが決まり，9回目に家族だけで何とかやっていけそうだという話題が出たため，半年後にフォローアップ面接を設定した。しかし，直前に母親から

まだ息子が仕事に就いていないとメールがあり，面接はキャンセルとなる。その4ヵ月後，母親から「息子がひきこもり支援センターのサポートを受け，就職を視野に入れながらアルバイトに就くことができた」との報告があり，メールのやりとりのみで正式に終結となった。

〈レビュー〉

　本事例が成功した要因は，母親の考えにジョイニングができたことである。実は，私はもともと世話焼きな女性が苦手である。おそらく，自分の母親との関係が影響しているのだと思う。そのことを面接中に自覚できたので，一旦その感情を脇に置き，母親のニーズを冷静に聴くことができた。今回，父親の叱責をきっかけに，長年続いていた母親と息子の二者関係に父親が介入し，三者関係のシステムが形成されようとしていた。Thは面接システムの一部となって父親の参加を促進し，家族構造の変化を定着させるという大まかな方向性を描き，家族の意識をそちらに向けていった。その下地づくりの過程で，母親は自身が不安になった時，つい息子に話しかけてしまうというみずからの困り感を訴えた。そして，父親も母親の関わりを問題視していたことから，Thは，夫の何らかの協力が妻の「不安」を鎮めることに役立つという枠組みを作ろうと決心した。この形は，母親が長年待ち望んでいたことでもあったため，家族全体の成長（発達的変化）を予感させ，母親のモチベーションを高めることにもつながった。その結果，「就職活動をしない息子を母親が干渉する」という枠組みから「不安になると息子に干渉する母親を父親がそばで見守る」という枠組みにシフト（パンクチュエーションの仕方を変える）し，問題の脱焦点化を図ることができた。

　この事例において，ひきこもり特有の支援方法は何かとか，母子密着が問題だから何とか母親を変える必要があるなどと思っていたら，失敗していただろう。さまざまな専門知が積み重なり，巷には問題や症状ごとのアプローチについてノウハウが出回っている。医学モデルの心理療法ではそれらを学ぶことが重要であるが，SAを学ぶ際には，それらのノウハウを知ることが逆に習得へのハードルになるかもしれない。

おわりに

　本稿は，心理支援のためのSAの習得のコツという観点から論じてきた。ここまで書いてきて，SAが精神分析より優れているという誤解を読者に与えてはいまいか心配している。問題だったのは，中途半端な技術のまま精神分析を盲信した私のほうであって，精神分析そのものに罪はない。それどころか，精神分析の知識は，今も私の貯金箱の中に大切にしまわれていて，必要に応じてブリコラージュされているのである。

　また，SAはセラピーの専売特許ではない。SAは，社会構成主義に立脚し，コンテキスト（文脈）を扱う認識論であることから，システムを念頭に置く領域であれば，コンテンツとしての中身は何でもよい。たとえば，ケースワーカーが活躍する医療，福祉領域をはじめ，教育，産業など，他の専門領域においてもSAの認識論を採用することが可能である。心理支援に限ってみても，セラピーという狭い領域に留まらず，さまざまな臨床領域で心理職が担うべき役割を模索する際にも，SAは役に立つであろう。

　さらに，日常生活においてもSAは効果を発揮する。私自身，SAを学ぶことによって，臨床が上達したのはもちろんのこと，最も影響を受けたのが，実は日常生活であった。以前は，困難に直面すると，原因を分析するために全体像を把握しようして，立ち止まって考えていた。しかし，SAの哲学を身につけていくにつれ，走りながら考えるようになっていった。「今の生活を回すのに，こんな風にしたらマシかもな」と，よりプラグマティックに考えるようになったからである。

　このように，SAの視野の広がりは，日常生活からコミュニティ，国家，宇宙，果てはあの世まで，システムのあらゆる階層を目がけ，縦横無尽に伸び縮みする。このような伸縮の仕方は，まるで変幻自在に形を変えるアメーバのようである。アメーバの眼がシステムのどの階層を捉えるのかは，あらかじめ決まっていない。それはClとThの一期一会の出会いの中で決まっていく。つまり，SAの臨床は非常に即興的であり，出たとこ勝負なのである。このあたりが初心者には恐ろしいのだが，全体像を想定しすぎると機敏に動

けない。これがポストモダンのセラピーと言われる所以であろうか。しかし，そこがまた刺激的で面白い。

　私は，この３年５ヵ月にわたって，Hの天才的直観力と卓越した洞察力をできる限り吸収しようと努めた。そして，思考を縦横無尽に巡らせ，目の前のClの好みに合わせて瞬時に色を変えることを学んだ。Hは，その様子を「握一点開無限」という仏教用語で表現したのだった。餌を求め，外敵から身を守るために枝葉の色に同化するカメレオン。ふいにそのイメージが立ち上がった。その象徴的意味は「適応性，バランス，変容」である。私はHと出会い，苦心の末に純金の思想を捨て，伸縮自在のアメーバの眼と，カメレオンの機敏な柔軟性を同時に手に入れたのである。

[文　献]
斎藤環，東畑開人（2023）『臨床のブリコラージュ―心の支援の現在地』青土社
田中究（2021）『心理支援のための臨床コラボレーション入門―システムズアプローチ，ナラティヴ・セラピー，ブリーフセラピーの基礎』遠見書房
東豊（1993）『セラピスト入門―システムズアプローチへの招待』日本評論社
東豊（2013）『DVDでわかる家族面接のコツ②家族合同面接編』遠見書房
山崎孝明（2024）『当事者と専門家―心理臨床学を更新する』金剛出版

第7章

心理支援を楽しむ
―― システムズアプローチが教えてくれたこと

Kanayama Sakiko
金山佐喜子

　これまでいくつかの場所で心理支援の仕事をしてきた。振り返ると，以前とは取り組む姿勢が変わって，自分自身が多少なりとも成長したと感じる。試行錯誤しながら，システムズアプローチと出会い，筆者が成長していく様子を，事例を交えながら紹介したい。なお，紹介する事例は，個人の特定を避けるため，改変を加えている。

わたしの転機

　大学院を出て初めて心理士として勤めた相談機関で，毎週，同じ曜日の同じ時間に50分クライエントと会うという面接をしていた。面接が終わると，10分で片づけて準備をして，次のクライエントに会う。クライエントは，それぞれの人生を歩んでいて，ニーズは一人ひとり違うはずだと信じて，何とか療法とか，何とかアプローチとか，とにかく勉強して，目の前のクライエントの役に立つんだと一生懸命だった。役に立てたと感じることもあれば，役に立てている感じがなく，どうしたらよいのかわからないこともあった。とても疲れる仕事で，これは長く続かないと思っていたところ，夫の仕事の

都合で遠方へ引っ越すことになり，臨床の仕事を辞めた．

　大学で非常勤講師をしながら，二度と心理士として働くことはないと思っていたが，ある年，『臨床心理学』という授業科目を担当することになり，臨床をしていないのに臨床心理学を教えるのは気が引けて，仕事を探し，縁あって，乳幼児健診の心理相談員として働くことになった．この経験が，心理支援の仕事をするうえで，大きな転機となった．

　健診に子どもを連れてくる保護者のほとんどは，心理面接を希望していない．保健師や医師から指摘されて，面接する方ばかりだ．ただでさえ健診会場に1時間以上滞在し，早く帰りたいところを「心理の先生にくわしくみてもらったほうがいい」「助言を聞いてから帰ってね」などと言われ，不安や緊張，あるいは怒りを抱えて心理士と会う．50分も面接したら「用事がある」「上の子が帰ってくる」と，帰られてしまう．20分，せいぜい30分．アセスメントして，少しでも役に立つようなお土産を渡して，「健診に行ってよかった」と思ってもらわないといけない．目の前の方の役に立つことだけを扱って，役に立たないことは取り扱わない，この作業に集中して面接をした．

　やったことのないこと，できないことを助言されて，できなくて当たり前．すでにやっていることがある，それを見つけて「できている」「続けたらよい」というメッセージを送ることが目の前の人の役に立つと実感した．なんとなく面接を開始してしまうと30分はあっという間に過ぎてしまう．だから，カルテに目を通して，名前を呼んで入室するまでに，クライエントの役に立ちそうなものを1つでも多く見つけておく必要がある．

　A（3歳）は，保健師の問診や医師の診察で問題はなかったが，家で記入して持参する問診表に，強い癇癪があると記されており，医師から心理相談を勧められた．

　筆者が待合の廊下に迎えに行き名前を呼ぶと，母親（33歳）は不機嫌であることを全身で表現し，返事をすることなく立ち上がった．年齢相応のおしゃれな女性である．Aも清潔感のある装いで，肌つやもよく，無邪気な目を

キラキラさせて筆者のことを見た。筆者が相談室へ案内すると，母親はAの様子を確認することなく進み，Aは母親の後ろについて入室した。

　この時点で，なんともかわいらしい母親であると感じた。自分は子育てで大変な思いをしているというのを全身で表現してくれていて，筆者が何をしたらよいのかがよくわかった。また，Aが子どもらしい表情をしていることからも，母親が悪い人でないことがわかる。

　入室し，玩具の場所を教えると，Aは機嫌よく上手に一人遊びを始めた。筆者がカルテに記載されている健診結果に触れ，Aが順調に成長していることを母親に伝えてから，次のような会話が続いた。

〈癇癪があるんですか？〉
「はい」
〈どのくらい？〉
「毎日」
〈毎日!?〉
「いつ起こるかわからなくて。突然。幼稚園から帰ってきて，いきなり玄関先で泣いたり。どうしたのか聞いても，イヤー！　チガウー！　って」
〈どのくらいの時間？〉
「2時間とか3時間とか」
〈え……，仕事にならないですね〉嫌そうに小さな声でつぶやく。
「そうですよ！　本当にもう，今!?　って。ごはん作らないとか，予定が狂って」しばらく不機嫌そうに話が続く。
〈2時間とか3時間とかじゃなくて，あれ？　今日は短かったな，30分くらいで終わったな，っていう時はありますか？〉
「はい。この間。あの時は，10分くらいだったかな」落ち着いた口調で即答する。
〈何をしたんですか？〉
「私もその時は時間があったんで，抱っこしてベランダに出て，歌をうたってあげて」

筆者が微笑みながらうなずいて聞いていると，母親はハッとしたような表情を見せる。
　〈なるほどねー，安心しました。充電切れですね。Aちゃんは，毎日幼稚園に行って，とてもよく頑張っています。ただ，まだ3歳ですから，お母さんに甘えないと頑張れません。お母さんがこれまでとても愛情深く育ててくれたおかげで，充電が切れるときちんと教えてくれて，甘えるとまた頑張れる〉
　母親の表情が明るくなり，一人遊びをしているAの頭を撫で，「Aちゃん」と名前を呼びながら頬ずりし始める。
　「そうかー」うれしそうにつぶやく。
　〈でも，えっ，今⁉　って時もあるじゃないですか。だから，お母さんの時間のある時に充電しておいたらいいですよ。長い針が12のところになったらごはんの支度するから，それまで一緒に遊ぼうとか，お迎えに行った時に，Aちゃん大好きだからギューってさせてとか〉
　「はい！」
　この後，母親はいくつか育児の相談をし，子育てに前向きな姿勢を示した。退室時には，Aと手をつなぎ，うれしそうに帰っていった。
　母親がAにうまく関わることができているところを引き出すことができ，さらに，「母親の時間がある時に充電してもよい」というお土産も渡すことができた。

　この頃，筆者は，解決志向アプローチ（Berg, 1994）の視点が役に立つと感じ，そこで紹介される「クライエントに望ましい変化をもたらすための質問」をとにかく使ってみていた。Aの母親には「例外探し」を行っている。いつもは2～3時間癇癪を起すAが10分しか癇癪を起さなかった「例外」を見つけ，すでに解決している母親の姿を共有することができた。
　こうした質問を使うようになって，次々と短時間でクライエントが元気になるのを目の当たりにし，クライエントは解決する力をもっていると信じられるようになった。そして，その力を引き出すことが筆者の仕事だと考える

ようになった。かつて，とても疲れると感じた心理支援の仕事が，穏やかな時間になっていった。

問題はないことが腑に落ちた出会い

　東（2021）は，「問題はない，問題の人や家族はいないといった思想が腑に落ちれば落ちるほど，技法は大して意味を持たなくなる。極論すれば，普通に会話していれば自然と著効あるいは改善が生じると考えて良い」と明言している。乳幼児健診の心理相談員としての経験から，「問題はない」「問題の人や家族はいない」ということがわかってきていたが，これが腑に落ちた出会いがある。

　B（38歳）は，数年前リストラに遭い，それ以降いわゆるひきこもりになって，母親に連れられて筆者が所属する街の相談室に来談した。寝起きのような気だるそうな感じである。
　着席すると，母親は，ひきこもるようになったきっかけだと考えることを次々と話し始めた。Bは時々うなずくが，母親のペースで話は続く。一通り話を聞いたところで，次のようなやりとりが始まった。
　〈来られた経緯は，だいたいわかりました。それで，ここには，どんなことを期待して来てくださいましたか？〉
　「働いてほしいです」母親が即答する。
　〈Bさんは，何を期待して来てくださいましたか？〉
　母親がハッとした表情をし，小さな声で「外で待っています」と言って退室する。母親が退室したあと，Bは続ける。
　「んー，もう少し，活動的になりたい」
　〈なるほど。では，ここでは，Bさんが今よりも活動的になれるようにお手伝いさせていただきます〉
　Bが顔を上げ，筆者と視線を合わせて深くうなずき，次のように話し出す。
　「やりがいを感じていたわけではなかったんですけど，大企業に就職して，

ずっとそこで働くと思っていました」

　仕事を辞めた経緯について話し始め，時々激しく泣く。

　Bは，泣きながらもしっかりと自分が傷ついたことを言葉にし，気持ちを整理していた。筆者はBがとてもつらい経験をしたことを理解しつつ，Bのたくましさや力強さに感心しながら話を聞いていた。Bには現状を打破する力があると確信したところで，次のように問いかけた。解決志向アプローチでいう「ミラクルクエスチョン」（Berg, 1994）である。

　〈今，私とお話をしていて，時間になったら帰りますよね。帰ってから，ごはんを食べたり，まぁ何かいつものように過ごして，夜になって，寝て。今晩，Bさんが寝ている間に奇跡が起こって，Bさんが気になっていることがぜーんぶ解決してしまいます。でも，寝ている間に奇跡が起こったから，Bさんはそのことに気づいていません。明日の朝，目が覚めて，どんなことから，あれっ？　寝ている間に奇跡が起こったかも!?　って気づきますか？〉

　「んー，目覚めがいい」迷いながら小さな声で言う。

　〈目覚めがいい。それから？〉

　「窓の外を見て，空がきれいで。とても気分がよくて，出かける。山？　山に行く。私，富士山に行ったことがなくて。富士山に登る」声が力強く，表情が明るくなっていく。

　〈登っちゃいましょう〉

　「私，登山が好きなんです」

　しばらくBの趣味の話で盛り上がり，1ヵ月後に来談する約束をし，退室する。

　翌月，Bは髪をきれいにカットし，清潔感のある服装で来談した。

　出迎えた筆者が〈晴れましたねー〉と声をかけると，明るい表情で「そうですね」と返し，雑談しながら着席する。調子がよさそうである。しかも，一人で来た。

　〈どうですか？〉筆者が軽く切り出す。

「調子がいいです。今，就職活動してて」
〈えー！　早くない？　もっとゆっくり行かない？〉
「ハハッ。富士山にはまだ行ってないですよ」
　就職活動の話やペットに癒されていること等，楽しい会話が続き，「ダイエットしようかなーって思ってます」と言い残して帰る。

　Bは，とてもショックを受けていた。そのことを整理して次に進もうという，たくましく力強いBが筆者の前にいた。そこには問題がなかったし，問題の人も家族もいなかった。Bって素敵だな，会えて嬉しい，そんな気持ちで会話を楽しみ始めたら，Bはすぐに元気になった。そして，みずから「活動的になりたい」という希望を叶えていった。問題なんてどこにもないと腑に落ちた出会いだった。

普通の会話を楽しむ

　この出会い以降，筆者は心理支援の仕事で嫌だとか辞めたいとか，負の感情が起こらなくなった。みんな力をもっている，目の前にいる人にどんな力があるのか見つけることが楽しいし，「普通の会話」（東，2021）に注力することは大変なことではない。かつて読んでも理解できなかったシステムズアプローチの世界が，わかるようになった。できることなら，笑わせたい，楽しかったと思って帰ってもらいたい，最近は，そんな欲が出てきている。そんな気持ちで次のC（16歳）との面接は行っている。

　Cは，悩みごとを父親に相談し，その中で，カウンセリングを受けたらどうかということになったらしい。会った時，筆者の言葉がけにきちんと返事をしてくれ，礼儀正しい青年という第一印象を受けた。
「よろしくお願いします。時間になったら，また迎えにきます」
　父親らしき男性が落ち着いた声で筆者にこう言い残し，去っていく。
〈お父さんだよね？〉

「はい」

穏やかに家族の話をしながら入室する。Cと父親が良い関係にあることがわかる。

〈今日は，ここでどんな話ができれば，行ってよかったなと思いますか？〉

Cが大きく息を吸い，勢いよく話し出す。

「このまま休んでいても勉強がついていけなくなることはないと思うので，親も好きにしたらいいって言ってくれていて」

〈C君が，これまで頑張ってきたことを知っているからね〉

「でも，先生から連絡があって，来たほうがいいって」

〈立場上，言ったんだろうね〉

「何かしないと，変わらないと思っています」話しながら筆者から視線が外れ，声が小さくなっていく。本心ではないのが伝わってくる。

〈えーっと，変わりたいと思っているのかな？　これまで学校に通って，しっかりやってきたんだよね〉

Cの表情が一瞬緩むが，すぐに無表情になり，悪そうな笑みを浮かべながら言う。

「変わりたいと思っていません」

これまでCは学校生活を真面目に送ってきたこと，学校を休んでいても友だちが毎日家に来てくれること，周囲に不真面目な生徒がおり不満に思っていること等が聞かれる。

「怒鳴ってしまって」落ち着いた口調で言う。

礼儀正しい真面目なCが怒鳴るなんて，怒鳴られるほうが悪いという思いを込めて，

〈それ，よく言ったって思っている人いるよね〉と伝える。

「そう言いにきてくれた友だちもいました」

やはり，真面目なCの周りには良い友だちが寄ってくる。でも，Cは味方になってくれている友だちのことを思い出しても元気がない。

〈言っちゃいけないこと，言っちゃったの？〉心配そうに質問する。

「言ってません。いい加減にしろよ！　みたいな。殴りそうになって。次，

殴ってしまうんじゃないかって」不安げな落ち込んだ表情をする。

　なるほど，暴力的な自分を見つけてしまって，怖くなったよう。なんとか安心させたい。

　〈強いの？　なんか鍛えてた？〉恐る恐る聞く。

　Cが思わず吹き出して，「弱いです。めちゃくちゃ弱い。殴ってもたぶんやられる」と笑う。

　不安な気持ちがなくなったようで，爽やかな笑顔を見せて，中学でも，部活も勉強も頑張って，苦手なことにも挑戦し克服したことが力強く語られる。

　〈成長したんだね〉しみじみと言う。

　「はい」噛みしめるように返事をし，将来の夢を語り出す。

　〈C君はさ，どこにいてもしっかりやってるよ〉

　心地の良い空気が流れ，短い沈黙の後，

　「学校，行こうと思います」突然，宣言し始める。

　〈いいね。しばらく休んでも勉強はついていけるんだし，いいよ，好きにして〉ゆっくりうなずきながら話すと，Cも深くうなずく。

　〈あ！　暴力は駄目だよ！〉

　「大丈夫です」笑いながら退室する。

　Cのどこにも問題はない。これまで真面目に生きてきて，理解のある両親や気にかけてくれる学校の先生，励ましてくれる友だちなど，誠実なCの周りには素敵な人が寄ってくるんだと感心しながら話を聞いていた。自分の中にあった暴力的な部分に驚きや不安があるようだったが，Cはそのことを自覚し，整理して，みずから力強く学校へ行くことを宣言した。心がけたのは，「普通の会話」。Cの投げてきたボールをしっかりキャッチして投げ返す。面接が終わる時，キャッチボールを楽しんだような充実感があった。

全肯定の姿勢で臨む

　心理支援の仕事は専門性の高い仕事で，いろいろと勉強する必要がある。

筆者自身，どんなことでも学ばないといけないと思って日々精進しているつもりだ。でも，いざクライエントに出会った時，あまり難しく考えないほうがうまくいくような気がしている。丁寧に「普通の会話」をする。そして，「この人すごい」「素敵」「かっこいい」と次々に出てくる肯定的な感情をクライエントに伝えていく。今のあなたが十分いい，あなたに会えて嬉しいという気持ちに筆者がなる頃，クライエントが元気になって，これまでのことを整理し，今後の自分の在り方を力強く宣言する場面を前にする。こうして力強く生きようとするクライエントに筆者自身が励まされ，この仕事を続ける勇気をもらっている。

　目の前のクライエントと良い時間を過ごせたと感じる面接に共通するものは何かと考えれば，最近は，全肯定の姿勢かなと思う。「問題はない」という思想が腑に落ちた出会い以降，クライエントの思いや行いを否定しようという考えがほとんど湧いてこない。東（2024）は，みずからの面接の特徴を「まずは『不変化』を是とする関わりを基本としている」と記述しているが，この姿勢に近いかもしれない。それでいい，それがいいというメッセージを送ることでクライエントの呪いが解け，自由に元気になっていくのを感じる。

　次に紹介するD（44歳）は，仕事がうまくいく一方，家庭で居場所がないと感じ，つらい胸の内を聞いてほしいと来談した。筆者は，Dってすごいな，かっこいいなと思いながら，ここでも丁寧に「普通の会話」をしている。

〈今日は，ここでどんなお話ができれば，来てよかったなと思いますか？〉
「私が働いているのが悪いと思うんですけど」
〈ご苦労様です〉
「子どもが父親と出かけるのを楽しみにしていて」
〈子煩悩なお父さんなんですね〉
「月に1回くらいですけど，日曜に仕事が入ることがあるので」
〈旦那さんがみてくれるんですね〉
「はい。いつもは，公園に行ったり，旦那の実家に連れていったりするくらいですけど，この間，水族館に連れていったんです」

〈公園で遊ぶのも暑いしね〉

「仕事から帰ったら，楽しかったって息子が言ってきて。え？　って。息子にとって初めての水族館だったんです」

〈行くことを聞いていなかったんですね〉

「え？　聞いてない，ってなりますよね」

〈まぁ，なりますね〉

「なりますよね！　なんで私がいない時に行ったの？　子どもが嬉しそうに話してきても，むかついて，そうなんだーくらいしか返せなくて，旦那に言っても，は？　みたいに。全然通じなくて。なんか，私の思いが通じないんですよね。もう，ずっとそうなんです。家事も全然しないし。イライラして，最近，旦那とは話さないようにしてます。でも，離婚ってなったら，息子はお父さんがいいって言うだろうし，旦那も絶対に親権を渡さないと思うんです」

〈水族館，一緒に行きたかったんですね〉

「私が仕事で帰りが遅くなった時に，食べてくるから支度しなくていいよーとか言って，旦那の実家にご飯を食べにいったりするんです」

〈誘ってくれない〉

「玄関のところに出てきて，一緒に行く？　って聞いてくるんですけど，私も疲れて帰ってきて，いきなり言われるから，えーって考えてる間に，いいよって出ていくんです」

小さな声で，次のセリフを続ける。

「もう１回言ってくれたら行ってもいいのに」

〈Dさんとしたら，家族で一緒に過ごす時間を大切にしたいんですね〉

「子どもがまだ小さいんだし，できれば家族で食事をしたり，出かけたりしたいと思ってます。仕事を辞めようかと思ったんですけど，憧れてなった職業で，努力してここまできたんです。ここで辞めたくないと思ってしまって」涙ぐむ。

〈やりがいを感じているんですね〉

Dが大きく息を吐き，静かに話す。

「子育てをしながらキャリアを積めたのは，旦那が子どもをみていてくれたからなんですけど」
〈どんなお仕事なんですか？〉
これまで努力してきたことや仕事の内容について話し，Ｄの表情が明るくなる。
〈すごいですねー〉
「旦那の両親も，私のこと，すごいって言ってくれます。なんで，あんな息子と結婚したのかって」笑う。
〈２人でちょうどいいんですね〉
「そうですね。平凡な穏やかな感じのところがいいなと思ったんです」
〈いい旦那さんを見つけたんだ〉
「ハハハ」
〈そろそろ時間ですけど，今日，ここへ来て，どうでしたか？〉
「来てよかったです。すっきりしました。イライラしていて，今日，離婚の相談をしようと思ってたんですけど，もう少しやっていけそうな気がします」
〈旦那さんに，水族館，一緒に行きたかったなー，今度は誘ってほしいなーって言ったらどうですか？〉
「そうですよね，言わないと通じないですよね」笑う。

　少しの間，穏やかに雑談し，Ｄは丁寧にお礼を言って退室した。

これからのわたし

　臨床を始めたばかりの頃，システムズアプローチはファンタジーの世界だと信じていた。天才だけがなせる業，自分とは違う世界で起こっていることだと思っていた。乳幼児健診で結果を出すことを求められ，必要に迫られ，勇気を出して本に書いてあることをやってみたら，難しいことではなかった。仕事が楽しくなっていった。

筆者のどのあたりがシステムズアプローチかというと，「問題はない」というのが腑に落ちているところかなと思う。実際，クライエントの役に立てば，何でもありだと思っているし，こだわりはない。最近，将来のことで悩んでいると言って来談したクライエントが「心が軽くなった！　楽しかった‼」と言って帰っていった。これからも，クライエントに喜んでもらえるような，行った甲斐があったと思ってもらえるような出会いをしたいと思っている。

[文　献]

Berg, I.K.（1994）*Family-based services: A solution-focused approach.* W.W.Norton.（磯貝希久子監訳〔1997〕『家族支援ハンドブック―ソリューション・フォーカスト・アプローチ』金剛出版）

東豊（2021）「若い人の教育について」宋大光，東豊，黒沢幸子『もっと臨床がうまくなりたい―ふつうの精神科医がシステムズアプローチと解決志向ブリーフセラピーを学ぶ』遠見書房，321-324頁

東豊（2024）「わたしの家族療法」『精神療法』50巻，383-387頁

第8章

悪循環からの脱出
――システムへの効果的なアプローチ

Umeno Satomi
梅野智美

はじめに

　私は大学院の時からシステムズアプローチを学び始めた。H先生の本を読み，H先生に憧れてやってきた多くのゼミ生の一人である。大学院での学びは刺激的で，実際のカウンセリングを間近で見て，感じ，考え，毎日が充実していた。ゼミではシステムズアプローチの考え方から，クライエントが置かれている状況をイメージしそれを膨らませることの大切さ，技法としてのジョイニングやリフレーミング，外在化などさまざまなことを学んだ。中でも私にとって印象が残っているものは「アリの悪循環」の話である。H先生はワツラウィックの軍隊アリのメタファーについて，以下のように説明してくれた。

　　列をなして行進する軍隊アリの先頭をエサで誘導し，行列の最後尾のアリとドッキングさせる。するとアリたちはグルグルと円を描き，死ぬまで円を描き続ける。しかもアリたちは前進していると信じて疑いもせず……。このアリたちを助けるにはどうするか？　きっとアリたちの行列の最も密

度が粗のところをノートか何かで遮り，悪夢の円環からアリたちを脱出させ，再びアリたちが思うように行進できるようにするだろう。何か問題を抱えているシステムはこれと同じように，みんな解決のために努力して前進を図っているが，実際は同じところを堂々めぐりしているにすぎない。この堂々めぐりに陥ったシステムのどこか一部にアプローチし，そのシステムを悪夢の堂々めぐりから脱出させ，問題を含まないシステムに移行するのを促すことがシステムセラピストの目標である（東，1993の記述を改変）。

H先生はこの「アリの悪循環」を助けるために重要なこととして，"少しでもアリを傷つけなくて済むところ"に注目することを強調していた。それはカウンセリングに訪れたクライエントに対しても同じことで，堂々めぐりに陥ったシステムの"少しでもシステム成員を傷つけずに済むところ"にアプローチすることが大切だと。「アリの行列がぎゅうぎゅうのところを遮ったらごっつんごっつん痛いでぇ」「クライエントたちが"問題や問題や"って集中しているところにアプローチするとケガさせるかもしれへんで」と説明してくれた。

このようなゼミを受けながら先生の行うカウンセリングに陪席させてもらうと，先生が頭の中で描いている面接の展開がとてもシンプルに理解できた。しかし，実際のケースを担当し始めると，システムズアプローチの目指すものがわかった気になっていただけで，"行うは難し"の壁にぶち当たることになった。クライエントを目の前にして話を聞き始めると，私もアリの悪循環の一員になってぐるぐると円を描いているようだった。システムをなかなか見立てられないことや，自分なりに考えてアプローチしてもクライエントにフィットしないことに悩み迷いながら，心理士としての人生がスタートした。そんながむしゃらにケースに取り組んでいた頃に出会ったのが，クライエントのミサキさん（仮名）であった。

就活生ミサキさんの事例

　当時勤めていた私設のカウンセリングルームにやってきたミサキさんは，就職活動中の大学4回生だった。黒髪で落ち着いた色味の服装をしており，言葉づかいも振る舞いもいかにも就活生という印象を受けた。面接票には「もともと自信がないうえに就職活動がうまくいかず，さらに自信がなくなった。そのため家族（とくに母親）の言葉で傷つくようになった」と書かれていた。ミサキさんの家族は会社員の父親と専業主婦の母親，高校1年生の弟の4人家族だった。

初回面接から第3回面接
　ミサキさんはこれまでの就職活動で50社以上の採用試験を受けてきたが，不採用ばかりで最終面接まで進んだこともないとのことだった。当時は就職氷河期といわれており，就活生は50～100社の採用試験を受けてやっと内定がもらえるかどうか，といった時代だった。家では母親から「就職活動はどうなっているの？」と頻繁に確認される。不採用だったと告げると「あんたは本当にダメやな」と傷つく言葉を言われるそうだった。幼い時から母親の言うことが絶対で，高校も大学も母親の言う通りに進学してきた。そのため「自分で決めたことって何もないんです」とミサキさんはうつむき弱々しく語った。また，父親と母親は家でほとんど会話がなく，ミサキさんが物心ついた時からずっと仲が悪かった。そんな両親を傍で見てきて，ミサキさんは「なんで自分は生まれてきたんだろう」「こんなに仲が悪いなら子どもなんて作らなければよかったのに」と思うこともあると語った。また，「そんな家庭で育った自分は普通の人と違って恋愛観や結婚観が歪んでいるのではないかと不安になる。気になる人はいるけれど私なんかにまともな恋愛ができるわけがない」と語った。
　ミサキさんの語りのほとんどは家族に関するものであった。カウンセラーはミサキさんの支えになってくれそうな人やもの，つまりリソース探しをしたが，親戚や友人に心許せる人はおらずこれといった趣味もないとネガティ

ブな語りを引き出すに終わってしまった。カウンセリングでは就職活動の話や大学の話，気になる人についての話などをするが，最終的には家族の話（とくに母親との関係）に戻ってきた。カウンセラーはこれまで苦労してきたミサキさんを労い，一生懸命にジョイニングした。一方で，ミサキさんの語りに巻き込まれ，一緒にアリの悪循環の一員になってしまわないよう必死に踏ん張っていた。

　家族システムへのアプローチが必要かもしれないが，ミサキさんが"根深い"と感じているような家族関係をカウンセリングの中で扱うよりも，まずは目の前の就職活動について扱っていくほうがよいのではないか，いやでも……と，カウンセラーは面接の道筋をいまひとつ決めきれずにいた。しかし，大学生のミサキさんは少ないバイト代の中からカウンセリングの費用を捻出していたため，カウンセリングを無駄に長引かせてはならないとカウンセラーは焦っていた。ミサキさんが自分の人生に対する存在感の薄さについて語る印象が強く，ミサキさんの自身に対する枠組みに変化をもたらせないか……と考えていた。そんな時にアプローチのチャンスがめぐってきた。

第4回面接

　先日も書類選考で落とされ，就職活動がなかなかうまくいかないと，ミサキさんは焦りや不安について語った。

「人と比べて自分はダメだとか，価値がないとか，そんな自分は死んだほうがマシだとか，そういう風な自分の中のブラックな部分が出てくるんです……」

　今にも泣き出しそうなミサキさん。

「そうか……。"人と比べて自分はダメだとか価値がないとかそんな自分は死んだほうがマシだとか考えるそういう自分の中のブラックな部分"か……」

　カウンセラーはあえて息継ぎをせずミサキさんの言葉をくりかえした。

「んー……なんだか長くて言いづらいね。何かこう，一言で言いやすいように名前をつけてくれない？」

カウンセラーは真面目な顔でミサキさんにお願いした。
「え！　名前？　えー……名前。ブラックちゃんとかですかね……」
ミサキさんは困惑しながらも一生懸命に考えてひねり出してくれた様子。
「いいね，いいね！　うん。そのブラックちゃんが"おまえは価値のない人間だ"とか"死んだほうがマシだ"とか，ミサキさんに語りかけてくるんだよね」
カウンセラーは声色を変えてブラックちゃんのセリフをくりかえした。
「他にはそのブラックちゃん，どんなこと言ってくる？」
「うーん。他には"死ね"とか"クズ"とかかな」
「えー！　そんな過激なことも言ってくるの……。そんなブラックちゃんってさ，どんな時に出てくる？」
「やっぱり就職活動の時に出てきますね……他は……」
なかなか出てこない様子のミサキさん。
「急に言われてもわかんないよね。そしたら，次のカウンセリングの時までに"どんな時にブラックちゃんが出てくるか"観察してきてもらってもいいかな？」
「はい！　わかりました」
ミサキさんは快く，そして力強く応えてくれた。

第5回面接

前回の面接で依頼していた観察課題についてとくに報告されることはなく，カウンセラーは前回のアプローチもミサキさんにフィットしなかったのかな，と不安に感じていた。ミサキさんからはサークルの飲み会に参加したエピソードが語られた。いつもはそのような集まりに行くことはないが，今回は参加してみようと思い切って出向いてみたとのことだった。その飲み会で就職活動についての話題になったと暗い表情でミサキさんが話し始めた。
「みんな内定とか決まってて……なんか自分，負け組だなって」
「そっか……。こう，このへんから（耳元あたりをくるくる指さしながら）ブラックちゃんが"おまえは負け組みや"って言ってくるんや」

第8章　悪循環からの脱出　　131

カウンセラーは恐る恐る，ブラックちゃんを再び登場させてみることにした。
「そうなんです。それでとりあえず履歴書を書いてみたりはしたんですけど」
「そうなんや……でもそんな時って，さらにブラックちゃんが出てくるんじゃない？」
「そうですね。"おまえ汚い字やな"とか"またどうせだめやで"とか言ってました」
　ミサキさんもブラックちゃんの言葉を口にした。
「そっかぁ……そんなんやったら履歴書も書いてられないね」
「でも，嘘だけど"自分の字好き"って自分に思い込ませて書いてました」
「そうなの!?　へー！　そしたらブラックちゃんは？」
　カウンセラーは大きく反応した。
「そうですね，息をひそめていてくれました」
「そうなんだ！　どんな感じで思い込ませたの？」
「うーん。"自分の字きれい""自分の字好き"って念じた感じです」
「へー！　そっかそっか，自分の中で念じるっていうのが役に立ったんだ。なるほど，ブラックちゃんはそういう風にされちゃうと弱っちゃうんだね……うんうん。ちょっとブラックちゃんの生態がわかってきたね。こんな感じでブラックちゃんが小さくなっていったらいいね」
「そうですね」
　ミサキさんはぽかんとした表情だったが，暗い表情は晴れていた。

第6回面接

　第6回面接では最近母親から口うるさく言われることが少なくなったことが報告された。カウンセラーがどうして少なくなったのかを問うと，「母親がいろいろ言い出したら部屋に戻るようにしている。今までは母親にぐちぐち言われるたびに"自分はクズだ""価値がない人間だ"と思っていたけれど，最近はブラックちゃんがあんまり出てこなかった」と本人も驚いている

様子だった。カウンセラーはミサキさんのほうから初めてブラックちゃんの話題を出してきたことに心の中でガッツポーズをした。しかし，次第にミサキさんは暗い表情で夏休み明けの大学生活について語り始めた。

「休み明けにゼミがあって，同年代の子たちに会うんです。"就職活動どうなん？"って今の状況を訊かれるのが嫌だなって思って」

「そっかそっか，そんな時ブラックちゃんが"しめしめ"って出てきそうだよね」

「そうなんです。ほっといてほしいのに。ゼミの先生は絶対に就職活動の現状を確認してくると思うんです」

ミサキさんは少し怒ったような様子だった。

「そっか……どんな風にしたらブラックちゃん出てこないかな？」

「たぶん同年代の子たちに何も訊かれなかったら……でもゼミの先生は絶対に確認してくるから，そしたらみんなの前で（就職活動の現状を）報告しないといけないし，ブラックちゃんも出てくると思います」

「そっか……そしたら何かブラックちゃんが出てこないように予防線はれたらいいね」

「そうですね」

しばらくミサキさんとカウンセラーはあれこれ作戦を考えた。

「早めに学校に行って，ゼミの先生に先に報告しようかな。そしたらゼミの時間に訊かれることはないし」とミサキさん。

「なるほど！　そしたらブラックちゃんは？」

「たぶん出てこないかな……ゼミの先生にいろいろ訊かれて出てくるかもしれないけど，同年代の子たちに訊かれるよりはマシかな」

「そっか！　その作戦でいってみよう」

カウンセラーとミサキさんは二人で大きくうなずいた。

その後，話題は大学内にある就職活動支援センターの職員とのやりとりへと変わった。

「この間，就活支援センターに行った時に志望動機をみてもらって，職員

さんから"文章上手だね"って言われたんです」とミサキさん。
「へー！ そうなんだ。ミサキさんはそんな風に言われてどうだった？」
「いやぁ……嬉しかったです。あんまり褒められたことがなかったので，自分もなかなかやるなって」
ミサキさんは照れながら笑顔をみせた。
「そっかそっか！ "自分なかなかやるじゃん"って，ブラックちゃんじゃなくてホワイトちゃんが出てきたんだね」
「そうですね！ ホワイトちゃん！ そんなの自分にいたんだ」
ミサキさんは目を大きく見開いた。
「そうだね，今までブラックちゃんばっかり出てきてたけど，これからホワイトちゃんも出てきてくれたらいいね」
「そうですね」
ミサキさんは微笑んだ。カウンセラーとミサキさんの間に何とも言えない和やかな空気が流れたようにカウンセラーは感じた。

第7回面接

　前回の面接で話し合った"ゼミでブラックちゃんが出てこないようにゼミに早く行って先生に先に報告する作戦"がうまくいったとミサキさんが笑顔で報告した。カウンセラーとミサキさんは作戦成功の喜びを二人で分かち合った。また，就職面接でいつもより緊張しなかったことが報告され，「いつもは"どうせだめや"ってブラックちゃんが出てきてたけど，ブラックちゃんが出てきても"自分は大丈夫""ブラックちゃんあっちいけ"と念じて追い払った」ということだった。ゼミだけでなく就職活動の場でもブラックちゃんをコントロールできるようになってきたミサキさんの変化をカウンセラーが伝えると，ミサキさんはニコニコうなずいた。

第8回面接

　明るい色味の服装で来談したミサキさん。今までノーメイクだったミサキさんが薄くメイクをしており，雰囲気が変わったなとカウンセラーは感じた。

カウンセリングでは，初めて最終面接までいくことができたと，興奮気味にミサキさんは語った。最終面接では緊張したが，ブラックちゃんがあまり出てこなかったとのこと。「あれー，だいぶブラックちゃん小さくなったのかな」とカウンセラーが強調すると，ミサキさんはクスクス笑った。また，「最近は家族と一緒にいても嫌じゃなくなった。今まで母親にいろいろ言われたら自分の部屋に逃げ込んでいたけど，最近は『あー，また言ってる』と聞き流すようになって，前みたいにブラックちゃんが出てきても心を乱されることがなくなってきた」と語った。

第9回面接

　暗い表情で来談したミサキさん。前回話していた最終面接の結果が届き不採用だったと開口一番に語った。その日は落ち込んで，ブラックちゃんが"死ね"とか"クズ"とか言ってきて大暴れだったとブラックちゃんの様子を報告した。そんな大暴れのブラックちゃんにどう対峙したのかカウンセラーがミサキさんに問うと，音楽を聴いたり歌を歌ったりして次の日には気持ちの切り替えができたことが語られた。「ブラックちゃんのことだいぶコントロールできるようになったね」とカウンセラーがミサキさんに伝えると，暗かったミサキさんの表情が和らいだようにカウンセラーは感じた。

　その後，面接初期に語られていた気になる人の話題になった。その人とCDを貸し借りする仲になったと笑顔で報告してくれた。「遊びに誘えたらいいな」「ゆくゆくは付きあえたら」とミサキさんは語り，今までは"気になる人"だったのが今回は"好きな人"としてミサキさんが話していることにカウンセラーは気がついた。面接を開始した当初「恋愛なんて絶対にできない」と語っていたミサキさんが好きという気持ちを素直に語るようになったのは，恋愛する自分を受け入れられるようになったのでは，とカウンセラーは考えを巡らせた。

第10回面接

　髪形が変わり表情も明るく来談したミサキさんは，2社から内定を得られ

たと満面の笑みで報告した。「今までブラックちゃんばっかりだったけど，自分の中にホワイトちゃんもいるなとホワイトちゃんの存在を感じられるようになった」と語った。どんな時にホワイトちゃんの存在を感じるのかカウンセラーが訊ねると，好きな人と一緒にいる時にホワイトちゃんが現れるとのことだった。「これまでのミサキさんだったらブラックちゃんのほうが出てきそうなのに」とカウンセラーが驚いてみせると，ミサキさんは笑いながら，「これまでは"嫌われたらどうしよう"という思いばかりだったけど，その人といる時間を今は心から楽しんでいるし，"素の自分でいられるな"と思うようになった」と語った。また，自分から好きな人をデートに誘ったことが報告され，それもホワイトちゃんの後押しがあったからと，キラキラした笑顔で語った。

このようなミサキさんの語りを聞き，カウンセラーはカウンセリングの終結を提案した。「ブラックちゃんをコントロールできるようになったし，ホワイトちゃんもいるから，ここを卒業しても大丈夫かな」と語るミサキさんの表情はとても清々しかった。

事例のまとめ

　この事例についてふり返ってみたい。初回面接から第3回面接では，ミサキさんは家族の話（とくに母親との関係）を中心に"家族に従うことしかできない自分"について多く語った。自分に自信がないと語るクライエントの枠組みが就職活動や恋愛にも影響し，「恋愛なんてできない」「就職活動も決まらない」という語りへとつながっているのではとミサキさんの状況を見立てた。そこでカウンセリングでは，ミサキさんが自己否定する部分を外在化することに取り組んだ。

　外在化とは，クライエントが内在化している問題を外へと引き離す技法であり，システムズアプローチやナラティヴ・セラピーの中で用いられている。具体的には，カウンセラーがクライエントに対して「問題があなたにどんな影響を与えてきましたか？」といった，問題があたかも生きて悪さをしてい

るような質問を投げかけ，やりとりを繰り返すことでクライエント自身から問題を引き離していく。児島（2008）は，クライエントはどうしても"自分がダメだ"とか"自分が悪い"といったパターンに陥りやすいと述べ，外在化を用いたアプローチの中で，そのような感情や認知そのものを患者に引き起こさせるのも，実は外在化された問題そのものの策略であると再定義していくとしている。また児島（2008）は外在化を効果的に進めるうえで，イメージやメタファーのもつ力について強調している。そこで，White & Epston（1990）や児島（2008）は外在化する問題に名前をつけたり，別のものに例えるなどして，その問題とクライエントの関係を扱いやすくする（外在化しやすくする）アプローチを紹介している。

　今回の事例では第4回面接にて，ミサキさんの語った「人と比べて自分はダメだとか，価値がないとか，そんな自分は死んだほうがマシだとか，そういう風な自分の中のブラックな部分」に名前をつけるようカウンセラーは求めた。ミサキさんは最初突拍子もない依頼に戸惑っていたが，いたって真面目な様子のカウンセラーに合わせ，真面目に"ブラックちゃん"と名づけに応えてくれた。カウンセラーはミサキさんに"ブラックちゃん"がいかに自己否定的な思考モードにさせてくるかを説明し，外在化の会話を試みた。第4・5回面接では，カウンセラーが外在化の会話を恐る恐る持ち出して様子をみていたが，第6回面接で初めてミサキさんのほうからブラックちゃんを話題に出した。外在化する視点がミサキさんにフィットした！　とカウンセラーが感じた瞬間であった。児島（2008）は外在化によって問題とクライエントの関係という新たなコンテキストが形成され，同時にカウンセラーもまたこのコンテキストを形成する一員になるとしている。つまり，従来の関係が「カウンセラー・クライエント関係」という二項（者）関係の枠組みであったのに対して，ここでは「問題・クライエントそしてカウンセラー」という三項（者）関係として捉えられることになると述べている。このようなコンテキストの変化は，クライエントとカウンセラーが問題解決のために「共同戦線をはる」（児島，2008）という新たな意味を生む。本事例でも，外在化によってミサキさんとカウンセラーが協力してこの"ブラックちゃん"を退

治する作戦を一緒に考えていくというコンテキストへと変化が起きた。第6回面接でミサキさんのほうから"ブラックちゃん"の様子が語られたことは，このコンテキストが二人の間で馴染んだことを意味するのではないかと考えられる。

　第6回面接以降はミサキさんが"ブラックちゃん"をコントロールできていることに着目し，外在化した問題に振り回されているのではなくミサキさんがコントロールしている感覚をもつことで，自己に対する枠組みに変化をもたらしたいとカウンセラーは考えた。とくに就職活動に関する話題を中心にこの外在化の会話を展開することが，ミサキさんにとって負担が少ないと考え，就職活動における"ブラックちゃん"からの影響を丁寧に扱うことを心がけた。東（2018）は，外在化の効用として，次の2つを挙げている。第一は，自分の性格や人間性といった，簡単に変えることが困難だと思われがちな「どうしようもなさ」から離れられること。第二は，「あなたは問題ない。外部の悪いものへの対処がうまくできていないだけ」と言われることで，「そうか，自分自身はOKなんだ。そういうことなら自分にも何かできるんじゃないか」と変化への希望が生まれることである。今回の事例では，外在化をきっかけにミサキさんの中で変化への希望が生まれ，ミサキさんがブラックちゃんに「あっちにいけ」と念じたり，ブラックちゃんの動きに先回りして予防線をはったり，音楽を聴いて気晴らしをするなどの対処法をミサキさんが実践することにつながったのではないかと考えられる。

　また，この事例の大きなポイントはミサキさんが自身の肯定的な側面を意識するようになったことである。初回から第3回面接までの間，カウンセラーはミサキさんの自身に対するネガティブな枠組みを変えるために例外探しやリソース探しを行っていたが，うまくフィットしなかった。しかし，第6回面接の中でミサキさんから就職活動支援センターの人に褒められたことが報告された。そのことに対してミサキさんは「自分もなかなかやるな」と自己肯定的な語りを展開した。そこで，カウンセラーはこの自分を肯定する存在として"ホワイトちゃん"を登場させ，"ブラックちゃん"と対比する存在として活用できないか試みた。すると，ミサキさんは抵抗なく受け入れて

いる様子で，その後の面接でもみずから"ホワイトちゃん"を話題にするようになった。これは外在化の文脈の中で"ホワイトちゃん"が登場し，"ブラックちゃん"と対比する"ホワイトちゃん"というわかりやすい関係性が示されたことで，自己肯定する側面をミサキさんが受け入れやすくなったのではないかと考えられる。このようにミサキさんが自身の肯定的な側面を意識するようになったことは，次第に彼女の家族関係や気になる人との関係についての語りに変化をもたらし，この事例が終結に向かって進み始めるターニングポイントになったと振り返る。1つ残念なこととして，ホワイトちゃんの影響を"自分の力"や"自分の働きのおかげ"と内在化するところまで面接を展開できていたらと，原稿を書きながら反省している。

　この事例は私の心理士としての人生において大きな転機となった。初めて悪循環からアリが脱出していく光景を感じ取ることができたからである。この事例で言うアリの行列の隙間が空いているところは就職活動のトピックで，行列を遮ったノートが外在化だったのだろう。第4回面接の段階でそこまで見抜いていたのかと問われると，正直に言ってNOだ。家族関係の語りに巻き込まれアリの一員にならないように踏ん張っている時に，藁をもつかむ思いで手を伸ばした先が就職活動についての話題だった。結果的に外在化の提案がフィットし，就職活動がうまくいくようになっただけでなく，ミサキさんが悪循環に囚われていた家族との関係性にも変化が起こっているようにカウンセラーは感じた。また，連鎖的に"恋愛する自分に対する枠組み"にも変化が起こり，好きな人ともよい関係を築くことにつながったようであった。
　以前，ある場でこの事例について発表した際，聴衆の方から「なぜ家族関係に踏み込まなかったのか？　表面的には家族関係にも変化があったようだが，またしばらくしたらもとの関係性に戻るのではないか？」という質問を受けた。おそらくこの事例を担当する前の自分なら「そうか，やっぱり家族関係に踏み込むべきだったか……」と反省していたと思う。しかし，この事例を経験した今の自分は「踏み込まなくてよかった」と言い切ることができる。なぜなら，家族関係はアリの悪循環でいうぎゅうぎゅうの部分だったか

ら。そして,もしミサキさんがもとの家族関係に戻って悩んだ時は,きっとまたカウンセリングに来てくれるだろうと思ったからでもある。就職活動を乗り越えたミサキさん,自分の中の"ブラックちゃん"をコントロールできるようになったミサキさん,"ホワイトちゃん"を味方につけることができたミサキさんは面接当初の彼女とは違うと自信をもって言えるようになった。このことは自分にとって大きな変化だと感じた。

　私の心理士人生スタート期の「アリの悪循環」は,この事例によって抜け出すことができた。悪循環から救い出してくれたミサキさんに心から感謝申し上げたい。心理士として働き始めて12年経ったが,今もまだ悪循環にはまることはたびたび起こる。しかし,その悪循環から救い出してくれるのはやはりクライエントである。これからも右往左往しながら私のアリの行進は続いていくだろうが,クライエントとの出会いに感謝し自分自身も成長を続けていきたいと思う。

[文　献]
東豊（1993）『セラピスト入門―システムズアプローチへの招待』日本評論社
東豊著,武長藍漫画（2018）『マンガでわかる家族療法―親子のカウンセリング編』日本評論社
児島達美（2008）『可能性としての心理療法』金剛出版
White, M., Epston, D.（1990）*Narrative means to therapeutic ends*. W.W.Norton.（小森康永訳〔2017〕『物語としての家族　新訳版』金剛出版）

第Ⅲ部
さまざまな領域での展開

第9章

福祉領域における
システムズアプローチ

Nosaka Tatsushi
野坂達志

福祉の仕事

　社会福祉の主な対象は,「高齢者」「障がい者」「児童」「母子家庭・父子家庭（ひとり親）」「寡婦・女性（婦人）」「低所得者・生活困難者」である。また社会福祉事業からは除かれるが,更生保護や労働者福祉,教育の提供,医療の提供,住宅確保の支援までも含む考え方もある。

　実際に福祉を担当する機関としては,「保健所」「市町村保健センター」「子育て支援センター」「福祉事務所（福祉業務を担当する第一線機関）」「児童相談所」「身体障害者更生相談所および知的障害者更生相談所」「在宅介護支援センター」「老人介護支援センター」「地域包括支援センター」「こども家庭センター（市区町村）」等がある。

〈資格について〉

　国家資格には,「業務独占資格（その資格を有しないと,その業務に従事できない）」と,「名称独占資格（資格をもつ者だけがその名称を名乗れるが,業務は誰が従事してもよい）」がある。たとえば医師,看護師,弁護士,薬剤師,司

法書士，行政書士，公認会計士等は業務独占資格である。しかし福祉領域の社会福祉士，精神保健福祉士，介護福祉士等や，心理職唯一の国家資格の公認心理師は名称独占資格となっている。つまり資格をもたない者が，「社会福祉士」「精神保健福祉士」「公認心理師」を名乗ることは違法になるが，「ソーシャルワーカー」「メンタルアドバイザー」「心理カウンセラー」等を名乗る場合は違法にはならないのである。このような事情もあり，社会福祉や心理の現場では，「無資格」「社会福祉主事任用資格」「国家資格（社会福祉士や公認心理師等）」「民間資格（臨床心理士や認定心理士等）」の専門家が机を並べている現状がある。ちなみに公務員には「資格手当」はつかない。

システムズアプローチを学んだきっかけ

　大学ではフロイド派の精神分析を学んだのだが，これにハマった。その当時の筆者は高専を中退して大学に進学した経緯もあって，挫折感と負い目に常に悩まされていた。そこに「精神分析」と「無料で病院実習」だったので，夏休みや春休みには北関東の実習病院に何日も泊まり込んでいた。今から考えても，相当にヤバイ学生である。しかしこれが高評価され，大学4年の春からは正職員として働くことになった。仕事は朝から晩までずっと精神分析療法を実施するのだが，昭和から平成になる頃に外来患者さんが急増した。「もっと短期に治せないものか？」。そんな時に，システムズアプローチの大家であるH先生に出会ったのである。

習得するためのトレーニング

〈ロールプレイ（ぶつかり稽古）〉

　水泳の金メダリストの映像をいくら見ても，泳げるようにはならない。やはり実際に水に入り，呼吸や水のかき方，体の連動を体験しなければ覚えられないだろう。システムズアプローチを習得することもまったく同じで，座学ではまったく身につかない。そこで筆者が考えたのは，病院で一緒に働い

ていた精神科医，小児科医，臨床心理士に声をかけ，研究会を立ち上げることだった。月に１回の開催ではあったが，１日中激しい「稽古」で汗や涙を流していた。

〈スーパーヴァイズ〉
　幸運にも京都のＨ先生，神戸のＳ先生，広島のＯ先生，大阪のＹ先生一門といった超一流の先生方から薫陶を賜ることができた。また研修会においては「参加者間の恋愛禁止」「全員が必ず事例を発表」「相手が医師や教授でも遠慮しない」という鬼の掟があった。しかし掟を誰が作ったのかは覚えていない。

システムズアプローチを教わり，以前と変わったこと

①セッション数の激減
　この10年の一人あたりのセッション回数を調べてみると，だいたい１〜２回で終結しているようだ。もちろん，行政での相談（不登校，職員のメンタル）と病院では，病状・病態の違いはある。

②相手の成長を，素直に喜べるようになった
　かつての筆者は，クライエントや家族の「考え方」や「行動」を不適切と決めつけ，いかにそれを矯正するかに注力していた。しかしシステムズアプローチを学んでからは，それがなくなった。

いろいろな質問法を知る

　セラピストが「クライエントの語る何に関心を寄せるか」によって，クライエントはそこを多く語るようになる。そして多くを語ったことが，クライエントの「現実」として再構成されていく。これが「社会構成主義」である。つまり「質問」は，変化を導く重要な鍵となる。

〈スケーリング・クエスチョン〉
- 「元気な時を80点としたら，いま現在は何点くらいですか？」
- 「最悪の時を20点としたら，いま現在は何点くらいになりますか？」
- 「えっ50点！　どうしたらこの短期間に30点も増やせたのですか？　すごい！」
- 「1時間前の面接開始時を20点だとしたら，面接終了後の今は何点？」
- 「何がよかったの？」

〈コーピング・クエスチョン（強さや資源を尋ねて，自分に力があることに気づかせる）〉
- 「こんな状況で，よく今までやってくることができましたね」
- 「どうやって乗り切ってきたのか，教えてくださいませんか」

〈「はい」「いいえ」で答えられない（誤魔化せない）聞き方をしてみる〉
- 「病院にちゃんと行っています？」⇒「診察は何日でした？」「薬は何日分残っていますか？」
- 「ご飯食べていますか？」⇒「昨日の夕食は何食べた？」「お腹空いてない？」
- 「冷蔵庫のケーキを食べたでしょ？」⇒「冷蔵庫のケーキ，美味しかったでしょ？」

〈いろいろな質問（答える過程で現実が再構成されていく）〉
- 話を前に進めたい時：「それで？」「それから？」「で？」「すると？」
- 具体化を促す質問：「具体的には？」「たとえば？」「もう少しくわしく？」
- 過去から未来に意識を向ける質問：「今，するとしたら？」「次はどうしますか？」
- 解決後を想像させる質問：「万が一解決すると，どうなりますか？」
- リスク回避の質問：「メリットは何で，デメリットは何になりますか？」

・行動を促す質問：「言いたいことはあるでしょうが，今あなたがすべきことは何だと？」
・解決スキルを確認する質問：「困った時に，いったい何が助けになりましたか？」
・キーパーソンを探る質問：「どなたからでもかまいません。お話を聞かせていただけますか？」
・例外の探索：「学校に行くのを，嫌がらない日ってありましたか？」
・対人相互作用の質問：「彼が落ち込んだ時，お父さんは何をしていましたか？」

行政職員の難しさ

①公務員は全体の奉仕者である

地方公務員法30条に，「すべて職員は，全体の奉仕者として公共の利益のために勤務し，且つ，職務の遂行に当っては，全力を挙げてこれに専念しなければならない」と規定されている。これが職員の労働安全衛生に対しての関心を低下させ，残業や休日出勤を常態化させる根源であるという見方がある。

②ワーキングメモリの働きが弱い人の増加

これは口頭で受けた指示（助言）をいったん脳に記憶し，デスクに戻って，これまでの作業と調整するという短期記憶である。または相手の話す内容をメモに書き写す時に，一時的に記憶する働きである。最近の授業では「板書を写す」必要はなく，先生の作成したパワポをスマホで「撮影」したり，モバイルPCで資料をダウンロードしたりするらしい。こういったサービスと，就職後に上司の口頭指示をメモしない新人職員の増加は，無関係ではあるまい。

③1度に1つ

　相談支援者は,「一度に多くの情報」を与えたがるものである。しかしクライエントに自閉症スペクトラム障害傾向があれば, 情報を受け取るキャパ（容量）に余裕がない。それをわからずに, 多くの情報を与えてしまうと, 伝えた情報がごっそり抜け落ちることになる。あるいは新しい情報と引き換えに, 古い情報がごっそり抜け落ちるかもしれない。

④リスク管理と危機管理

　リスク管理は「予防」を目的とする手法であり, 事前にリスクの発生を防止することを目的とする。一方の危機管理は「対処」を目的とする手法であり, 災害や事故の危機的な状況に対応することを目的とする。あなたの身近に相談する人がいない時には, 次の項目を自問自答する方法もある。

・支援によって効果があったこと, なかったことは何だろう。
・繰り返されている悪循環のパターンは, どんなものだろう。
・本人の考えている解決は, 何だろう。
・各支援者の考えている解決は, それぞれどういうものだろうか。
・もし支援が失敗した時は, どんなリスクが考えられるだろうか。
・失敗を想定したfailsafe（安全装置）は準備してあるか。
・報告・連絡・相談は, 日常的に確実に行っているだろうか。
・ケースを自分だけで抱え込んではいないだろうか。
・その支援は, 法律上も倫理上も妥当なものであるか。

連携・コラボ（協働）について

　日本では, 出された料理は完食するものである。しかし中国だと, 完食せずに一口分残すことがマナーになる。食事を残して「食べきれないほど十分に料理を提供してもらった」と, 感謝を伝えるのである。このような意味の取り違えは, カウンセリングや連携において, しばしば見受けられる。つまり相手の文化やルールを知ろうとせずに, 自分の常識で相手を推し量っては

ならないのである。

（1）悪気はないが，担当者の足を引っ張る行為
①担当者の不在時に，担当者の方針と違う助言を与える（クライエントが混乱する）。
②担当者の悪口を，クライエントに話す（担当者の信用を貶める）。
③担当者以上に親切にする（クライエントと担当者の信頼関係を揺るがせる）。
④担当者のプライバシーをしゃべる（個人的な事柄に関心を向けさせるのは反治療的）。
⑤思いつきで支援する（担当者の見立て，支援計画に基づかない支援は破壊行為）。

これらの対策としては，「自分の不在時にクライエントから電話，または来所があれば，このように対応してください」と，具体的な対応を職場に伝えておくことである。

（2）連携・協働のポイント
①Collaborationは，複数の主体が目標を共有し，対等な関係の下で行うものである。
②Collaborationは，機関と機関，肩書のつながりではなく，face to faceの個人的関係が基本。
③相手を信じ，誠実に対応することが基本。また自分の領域と他者の領域をわきまえる。
④「医学的重篤度」と「処遇困難」を混同しない。専門家は「犯人」を作り出す力を有する。
⑤相互理解を深めるには専門用語を使わず，相手がわかる平易な言葉で説明する。
⑥他の支援者の助言や指導は把握する。違う助言はクライエントを迷わせる。
⑦職種や機関の性質上，問題の切り取り方や解決法はおのずと違うものに

なる。
⑧個人情報保護法では，家族は「第三者」。他機関に情報提供する時は「同意書」が必要。

事例紹介

第 1 話「誰の依頼かによって，結果は違う」

　これは，セラピスト（Th）が病院で働いていた頃の話である。かつての精神科病院は，入院患者さんの現金所持を認めなかった。その理由は，盗難や貸し借りのトラブル防止もあるが，「離院（脱走）」資金になることを恐れたのである。しかし入院期間が10年や20年ともなれば，退院直後に自販機でジュースが買えない，駅で切符が買えない等の「生活障害」が立ち現れることがある。そこで，まだ若かったThは院長や看護師長たちに「少額の現金くらいもたせてほしい」と，何度もお願いをしていた。しかし認められることはなかった。

〈依頼者を変更する〉

　これまでは，Thが院長・看護師長に要望していた。つまり「院長・看護師長 vs Th」の図式であった。それを，家族会会長から院長・看護師長に要望してもらうよう変更したのである。つまり「院長・看護師長（経営者と幹部）vs 患者・家族（お客）」の図式である。そして要望理由は，「栄養補給として野菜ジュースの自販機設置」にした。結果はというと，すんなり了承された。

〈解説〉

　もちろん，家族会会長に「要望を言うこと」を依頼したのはThである。そして自販機が設置されれば，当然小銭が必要になる。しかし，その都度看護師が飲みたい人を募り，その現金を伝票で事務からおろし，それを患者さんに手渡すというような手間暇はかけられない。案の定，少額の現金所持は黙認された。また懸念されていた盗難，貸し借り，離院は起こらなかった。

第2話「目的は（精神科受診ではなくて），気晴らし」

　泰（仮名），35歳は数年前に会社を解雇された。以降部屋に閉じこもり，壁に向かって独り言を言っている。見かねた父親が注意をしたところ，取っ組み合いのケンカになった。困った父親は近くの精神科に相談に行ったのだが，医師は「連れてきたら診る」の繰り返しであった。「いったい，どうすれば？」。困った父親は保健センターを訪れ，保健師に相談をした。報告を受けたThは，すぐに保健師と訪問してみた。

〈泰の困りごと〉

　2階にいる泰さんに向かって，階下から声をかけてみた。「突然お邪魔して，すいません。市役所の○○です。10分だけお話を聞いてもらえませんか？」。5分ほど待つと，泰さんは渋々と階段を降りてきた。Thはすぐに退散ができるよう，土間で靴を履いたまま話し始める（『　』はTh，「　」が泰）。

〈病状把握・スキルの確認〉

　『泰さん，今の体調は？』「よくないです」

　『気晴らしとしては，最近どんなことを？』「今はしていないです」

　『今はしていないと？　では以前は？』「高速バスでAKBを」

〈ジョイニング〉

　『えっ，秋葉原のアイドルグループ，高速バスで』「はい」

　『いいですね。で，誰を推していたのですか？』「ゆきりん」

　『いいねえ。で，体調がまあまあというと？』「眠れない日が」

　『他には？』「近所で悪口を」

　『それはひどい』「まったく」

　『なおさら気晴らしは必要だけど，いま仕事は？』「無職です」

〈受診勧奨を控え，気晴らし費用の捻出を提案する〉

　『そうですか。強制などではないから聞き流してね』

　『実は老齢年金を早めにもらう制度があってね』

　『別名は障害年金。病気やケガで働けない状態が続けば，老後とみなせるのです』

　『年金額は国民基礎年金だと，月に6万8000円』「そんなに」

『しかし，それには病院の診断書が必要に』「……」

『あと保健福祉手帳をもらえば，高速バスが半額に』「……」

『もし年金や手帳が不要と思ったら，止められます』「……」

『気晴らしのための余計な提案です，ごめんなさい』「いや……」

Thはここまで話すと頭を下げ，家を出た。

〈結果〉

1週間後，泰さんからThに「病院に行くので，受診の付き添いをお願いしたい」との電話が入った。病院での診断は，「統合失調症スペクトラム障害」。その後は定期受診と服薬が継続され，「不眠」も「悪口」も次第に改善されていった。そして1年半後には年金を申請，無事に支給されたのである。

〈解説〉

通常の支援は，精神科に受診することを主目的とするだろう。言葉にすれば「あなたは精神科の病気だと思う，念のため受診したほうがいい」というところか。しかし父親と取っ組み合いになったということは，泰さんに病識がないのかもしれない。そこでThは「精神科受診」を主目的とせず，泰さんが納得しやすい「気晴らし」を勧めてみたのである。

その下準備として，すでに彼が行っていた「気晴らし」である「高速バスでAKB応援」を聞き出した。さらに「今も気晴らしをしたい」が，現在無職なので「したくてもできない」ことも聞き出した。そのうえで「診断書料金が必要になるけれども，毎月の小遣いとしては悪くない制度がある」と誘ったのである。「これは詐欺じゃないのか？」と，思った人もいるかもしれない。しかし説得が失敗している現状では，「目的」と「手段・方法」の順序を入れ替えることで「精神科受診」の道筋をつける必要があったのだ。

第3話「相手の立つ瀬を考える」

ある日のこと。役所の虐待相談窓口から，Thに応援要請の電話が入った。「子どもに殴られた」と相談に来た松子（仮名），63歳が，相談途中で「私の苦労がわかってもらえない」と激高し，手がつけられないという。

〈家族の事情〉
　夫婦には子どもがなく，40歳を過ぎて遠縁の男の子を養子に迎えた。それが貞夫（仮名）である。夫婦の暮らしは決して豊かではなかったが，「わが子ができた」と大喜びで，豪華なおかずは買えないものの，味噌汁だけは欠かさず作り，とにかく大切に育てあげた。そうやって貞夫は無事に高校を卒業した。

〈突然の暴力〉
　地元企業に就職をした貞夫だったが，半年後に事件は起きた。松子からの普段通りの声かけに貞夫の表情が一変し，「うるさい，ババア！」と，3発頭部を殴ったのである。

〈虐待は繰り返すという定説〉
　突然の暴力に，裸足で近所の家に逃げ込んだ松子は，そこで朝まで過ごし，朝一番に市役所の虐待相談を訪れた。その理由は，貞夫の実の父親は，妻と貞夫にたびたび暴力を振るうような人物であった。そして松子は『虐待された子どもは，自分の子どもにも虐待をする』という内容のテレビ番組を見たことがあり，貞夫の将来がとても不安になったのである。

〈被害者なのに，なぜ私が叱られるの！〉
　窓口職員は驚いた。ふつう虐待相談に来る人は，叩かれた恐怖を話すことが多いが，松子は「いかに貞夫に愛情を注いだか」ということを，嬉々として語り続けたからである。職員は1時間待っても話題が「虐待」に切り替わらないので，やむなく話を遮り，次の助言をした。
　①貞夫への過干渉は，やめたほうがいい。
　②再び暴力があるようなら，警察に保護を求めてほしい。

〈松子の立つ瀬〉
　松子は相談員の助言が，まったく納得できなかった。というのは
　①虐待された貞夫には，他所の何十倍もの愛情を注いできた。それをいま出会ったばかりの相談員に「過干渉」と言われる筋合いはない。
　②警察に通報することは，貞夫を見捨てることになる。実の親に捨てられ，育ての親にも見捨てられる。そんなひどいことが私にできるはずがない。

松子の「立つ瀬」を考えると，「貞夫への関わり方を，過干渉と定義したこと」「警察に助けを求めること」の2つの指示は，松子には納得できるはずがなかったのである。

〈具体的な支援〉

①松子へのジョイニング・共感（その状況なら誰でもそうなる。そりゃ当たり前や）

②窓口の助言を完全否定（そんな話聞かんでもよろしい。親の苦労もわからんと）

③暴力の意味をリフレーム（子育ては完璧だった。しかし今後は「子離れ」が課題かも）

④課題提示（他所の10倍愛情かけたのだから，子離れは20倍つらいと思います！）

⑤動機づけ（子離れは，子育ての総仕上げ。寂しくつらいがこれが親の務めだ）

⑥関係性の維持（松子が繰り返すキーワード，「我慢」「やりすぎ」「幸せ」をこちらも使う）

⑦リスク管理（再度暴力があった時の避難先と対応。夫への協力要請。状況把握の方法）

⑧具体的な行動指示（夜7時過ぎれば貞夫を待たず食事や入浴をし，用件はメールで）

〈結果〉

貞夫とのコミュニケーションを，直接的な会話から文字（メールやメモ）に変更するよう助言したところ，暴力はピタリとなくなった。また今後の経過報告は別の相談員に伝えてもらい，Thとの面談は半年に1回と決めて，フォローをした。

第4話「質問に答えるなかで，現実は作られる（社会構成主義）」

30代の淳子（仮名）は，相談室に入るやいなや，婚家の不満を捲し立てた。「夫は現在単身赴任中です。それで子どもの世話は，私だけがします。とこ

ろが先週，夫に愛人がいることがわかりました。もうショックで，ショックで。それなのに姑ときたら，知らん顔で近所の人と旅行に行ってばかり。それどころか舅が呆けて，トイレが間に合わず下着を汚したのです。もうわが家は本当に最悪です！」

〈具体的な支援〉

『旦那さんは，まったく家に帰ってこないと，1日も？』「いや毎週末には帰ります」

『そして，家に1円も金を入れないと？』「いいえ，お金は今までどおりに」

『愛人にのめりこんで，あなたと話もしないと？』「いいえ，話は今までどおりします」

『姑さんは，年中旅行で家にはいないと？』「旅行は年に3回。1泊2日です」

『舅さんは認知症で，オシッコ垂れ流しだと？』「いいえ，オシッコは1回だけです」

『姑さんは，まったく家事をされないと？』「いいえ，毎日夕食は姑が」

〈解説〉

上記のような質問を続けていくと，淳子が笑顔になってきた。Thは，それを確認して面接を終了した。しかし経験の浅い支援員は，ついついマウントを取りたくなる。たとえば……

・『最初は最悪と思ったとしても，振り返るとそうでもなかったでしょ？』
・『姑さんも夕飯を作ってくれているし，一人ぼっちでもないじゃない？』

「説得」や「励まし」の類は，「こう考えなさい」という「強制」や「命令」だと感じる人は多い。命令された側は，気分や感情を害することになる。

第5話「最初に，自責感や罪悪感を拭う」

クライエントだけではなく，家族もまた自責感や罪悪感で苦しむ当事者である。これを初期に拭うことで，後の支援が随分と楽になる。しかし逆に家族を非難して，傷つける支援者も少なくない。それが「何でこうなる前に気

づかなかったのか，あなた親だろ！」である。最初から弱者（子ども・高齢者・障がい者）を被害者，家族は加害者と決めつけているに違いない。そこで次の言葉をかけて，家族の苦労を汲んでほしい。

・「よく今まで辛抱強く，家で看てこられましたね」
・「今日病院を受診されたのは，とてもよい判断でしたよ」
・「お疲れでしたね。あとはこちらに任せてください」

〈解説〉
　自分の苦労や努力を認めてくれない医療や相談機関に，家族は二度と足を運ばない。家族には「家族であるがゆえの苦労や葛藤」があるものだ。

第6話「お母様のご仏前にお線香を」

　地域住民から，Thの勤務先に1本の苦情の電話が入った。同じ町内会に住む40歳男性，昇（仮名）が，挨拶しても返事をしない。近所の一人暮らしの高齢女性宅にも時々行くので，恐怖を与えている。何とかしてほしいという内容だ。さっそく保健師と共に訪問をした。

〈具体的な支援〉
① 「訪問理由は，差し障りのないものに」：「苦情があった」ではなく，「健診の案内」で。
② 「自己紹介」：役所から来ました。健診は毎年受けていらっしゃいますか。
③ 「ジョイニング」：（自宅前で洗車中の昇さんに）クルマ，綺麗にされていますね。
④ 「さらに褒める」：（「安いワックスだ」と言う昇さんに）塗り方がとても上手です。
⑤ 「家族の状況を聞く」：健診は興味ないのですね。では他のご家族はどうでしょう。
⑥ 「お線香を」：えっ，お母様が亡くなられて一人暮らし？　ぜひお線香をあげさせて。
⑦ 「暮らしを観察」：仏間に行く途中で，台所の汚れ，ゴミ捨て，臭い，

危険物を確認。
　⑧「感謝を述べる」：お邪魔してすいません。近くにきたら寄らせてくださいね。

〈解説〉
　訪問理由を正直に告げると，まったく違う展開になったであろう。
・『ご近所から苦情があって』⇒「誰が言った」⇒「おそらくアイツだ」⇒「許さん」
・『ちょっと家の中に上がらせてください』⇒「帰れ！　警察呼ぶぞ」。だから訪問理由は，「健診の案内に来ました」なのである。
　⇒「健診はしないけど，5分なら話は聞くよ」⇒『えっ，お母様が亡くなられた。ぜひお線香をあげさせてください』⇒「まあ，いいよ」

〈結果〉
　その後は保健師が定期的に訪問を続け，半年後にはハローワークで仕事を見つけることができた。現在も働いているとのことである。

第7話「こじれる関係を外すだけで」

　これはThが病院で働いていた頃の話である。真夜中に，統合失調症スペクトラム障害と思われる青年が，両親に抱えられながら受診した。当直医は青年を前に診察を始めたのだが，支離滅裂でまったく会話が噛み合わない。それで代わりに父親が説明を始める。すると青年は父親に対して「この野郎！」と叫び，殴りかかる。それを見た母親は，必死で青年を制止する。しばらくすると興奮は鎮まり，診察が再開。しかし相変わらず会話は支離滅裂であり，やむなく父親が代わりに答える。するとやはり青年は興奮して，父親に殴りかかる。そこで母親が制止する……。この繰り返しが，深夜の病院で1時間以上繰り返されていた。

〈具体的な支援〉
　その場に居合わせたThは，まずは家族を廊下に出した。次に青年に向かって穏やかに話しかけた。「大変だったね。君の言い分はよくわかった。次は私のことを聞いてほしい。かなり疲れているようだから，少し入院してみ

ようか」。すると青年は素直に「はい」と答え，医師の診察を受けて入院となったのである。この突然の変化に，当直医は何が起こったのかわからず，「奇跡だ」と驚いた。

第8話「生活の中の困りごとに働きかける」

　ゆきこ（仮名），45歳は，20歳で統合失調症スペクトラム障害を発症した。現在は結婚し，2児の母親である。ここ数年は，お盆になると調子を崩し，10日間ほど入院することが続いていた。そこでThは入院原因を丹念に聞いてみた。すると近々お盆で夫の妹夫婦が里帰りをする。その時に「世間話の話題をどうしていいか考えられない」，さらに「朝昼夕の食事のメニューを思いつかない」。この時期は毎年こんなことを考えていて不眠となり，結果的に入院となるのです，と教えてくれたのである。

　そこでゆきこさんに「入院の原因は，お盆の時期の親戚家族への食事メニューですね。今から料理や話題を教えます。それなら悩まずにお盆を過ごせますか？」と尋ねたところ，嬉しそうに「はい」と返事が返ってきた。

　さっそくThは，現在ゆきこさんが作れる料理と，使える予算を聞き出し，2泊3日の料理のメニューを作成した。

　それは「初日の夜は焼き肉」「2日目の朝は目玉焼きとウインナーとご飯と味噌汁」「昼は，そうめんとトマトとレタスのサラダ」「夕は，カレーライスとサラダ，スイカ」「3日目の朝は，やはり目玉焼きとウインナーとご飯と味噌汁」「昼は，回転寿司を食べにいく」，夕食前に親戚は帰るので，夕食は不要といった内容である。

　そしてもう1つの心配である，夫の妹夫婦との会話であるが，夜10時になれば，「申し訳ないですが，少し疲れたので先に休ませてもらいますね。食器は朝洗いますから，そのままにしておいてください。おやすみなさい」等の問答集も作成した。そして，その場でSST（社会生活スキルトレーニング）を実施したのである。これ以降，ゆきこさんがお盆の時期に入院することはなくなった。

まとめ

以下は福祉領域に限ったことではないが，まとめの意味で挙げておく。

①信頼関係づくり：どんな仕事でもいえることだが，第一印象は大切である。カウンセリングでも初回面接がうまくいかない時は，その後の展開で難航することが多い。ただし，クライエントとの関係が今ひとつでも，家族や支援者（保健師，民生委員，施設職員など）との関係が維持できていれば，何とかなることも多い。換言すれば，いくらクライエントとの関係性が良好でも，家族や支援者を粗末に扱うならば，支援は失敗する。

②不即不離：関係が深すぎず，離れすぎもしない，ちょうどよい関係を表す言葉である。筆者はこのことを，「愛情は息苦しくなることも多い。だから親切に徹すればいい」と説明することが多い。

③短所も欠点も資源になる：短所や欠点は悪いものと考えがちだが，文脈によっては立派な資源である。

④「説得」より「納得」：上から強制的にYESを言わせることが「説得」である。一方で相手の立場・価値観・メリットを配慮し，満足のいく自己決定ができる提案ならば「納得」となる。

[文　献]

野坂達志（2004）『統合失調症者とのつきあい方―臨床能力向上のための精神保健援助職マニュアル』金剛出版

野坂達志，大西勝編著（2007）『孤立を防ぐ精神科援助職のためのチーム医療読本―臨床サービスのビジネスマナー』金剛出版

野坂達志（2009）『事例で学ぶ統合失調症援助のコツ』日本評論社

野坂達志（2014）『新訂　統合失調症とのつきあい方―対人援助職の仕事術』金剛出版

野坂達志（2023）『対人援助職の仕事のルール―医療領域・福祉領域で働く人の1歩め，2歩め』遠見書房

第10章

組織で活かすシステムズアプローチ

Okada Yuka
岡田由佳

システムズアプローチに出会うまで

　皆さんは，システムズアプローチにどのような印象をおもちだろうか？ 私はこれまで「システムズアプローチは難しい」「一部の天才やレジェンドしか使えない技法だ」等，さまざまな声を聴き，この技法を前に「見立てが……」「介入が……」と眉間に皺を寄せて悩み正解を求めて彷徨う人々の姿を見てきた。システムズアプローチには決まったやり方や唯一の正解というものはなく，その進め方や方向性は全面的にセラピストに委ねられ，それぞれの個性が大きく影響しストレートに結果に跳ね返ってくることや，どんなことでもどんなものでもリソースになり得るという自由度の高さが，初学者のみならず，この技法を習得したいと願う多くの人を熱中させ，また混乱させているように思う。

　私自身は，現場での実践を通してシステムズアプローチの「ものの見方」や「勘所」を習得してきた人間であるため，難しい用語や理論は他の方にお任せし，本章では現場で日々感じている臨床の楽しさや面白さをお伝えできればと考えている。私の文章と出会った方々がこの技法を面白いと感じ，シ

ステムズアプローチを軸に楽しく臨床を行う仲間が増えると嬉しく思う。

　まずは，心理師として組織の中でシステムズアプローチを活用している私は，異業種から心理の世界に入った人間であることを書き記しておきたい。私は，長男の食物アレルギー発症をきっかけに，平成14（2002）年に株式会社アレルギーヘルスケアを創業した。会社を運営し，お客様の相談を受けつつ社員教育を行っていく中で心理学を学びたいと思い，働きながら心理学部のある大学に通った。卒業後は，本業と並行して福祉領域で臨床経験を積み，その後スクールカウンセラー（以下SC）として学校に勤務，現在は（株）アレルギーヘルスケアの代表取締役を務めながら，（株）梅の花の社外取締役，心理師としては大阪府柏原市で「関西ダイアローグ・ラボ」という私設心理相談室を開設し，個人カウンセリングや家族療法，企業に心理師を派遣する仕事，システムズアプローチを学ぶ専門家の勉強会やスーパーバイズを行うなど，いくつかの草鞋を履きながら過ごしている。

　現在はシステムズアプローチを活用しながら現場に立っている私だが，学生時代はカール・ロジャーズのPCA（来談者中心療法）を学び，その後ユング心理学に出会い箱庭療法に没頭，著名な先生の教育分析を受け，見立てや面接中の関わりを学んだ。その知識と経験をもって奈良県女性センター（奈良県中央子ども家庭相談センター相談員兼務）で臨床経験を積み，その後SCとして学校に勤務，私物の箱庭を相談室に設置し，多くの子どもの箱庭を見てきた。しかしSCの勤務日は多くて週2回，少ない学校では月1回も割り当てられていない。当時，私は全校生徒800名，教職員100名程度が在籍する学校に勤務し，次回の予約が数ヵ月後という活況ぶりで日々の臨床をこなしていた。それまで私が学んできたPCAや箱庭療法も素晴らしい技法だが，限られた時間の中で最大限の成果を挙げることが求められる学校臨床で役立つ技法が他にないものかと考え，解決志向ブリーフセラピーを学んだ。さらに問題を素早く解決するためには個々の面談を重ねるだけでなく関係者すべてを面談に呼び，全員で問題解決会議を開き，共に考えていく必要があると考え，システムズアプローチに辿り着いた。学校臨床でシステムズアプローチを使い始めると，家族面談やケース会議，教職員同士や保護者と学校との話

し合い等の集団面接の場をもつことが増えた。もっと上手に対話の場をファシリテートできないか，対話の活性化のための手段や構造にどのような手法があるのかに興味をもち，ファシリテーションの勉強を始め，今に至る。

システムズアプローチを用いた個人面談

　システムズアプローチは，クライエントもセラピストもよい未来に向かって考えを巡らせ，共にチャレンジを重ねていくことができる前向きな技法である。もちろん，システムズアプローチは登場人物すべてが揃わなくとも，その関係性に関わることができるため，個別のセッションでも大いに活用できる。まずは「個」の面談でどのようにシステムズアプローチを使うのかを，簡単なケースでご覧いただきたいと思う（以下，セラピスト：Th，クライエント：Cl）。

相談者：Aさん（30代後半，女性）

　Th：初めまして，カウンセラーの岡田です。今日はどんなことをお話しになられたいですか？
　Cl：小学校4年生の息子が偏食で困っているんです。
　Th：ん，具体的には？
　Cl：うち，おばあちゃんが近くに住んでいて。
　Th：お父さんの？　お母さんの？
　Cl：夫のです。
　Th：あー，旦那さんのお母さん，あなたにとっては義理のお母さんね。
　Cl：はい。で，そのおばあちゃんちに月に2回ほど呼ばれることがあって，その時に，ご飯を残すとおばあちゃんがうるさいんですよね。
　Th：どんなふうに？
　Cl：うちの子が嫌いなものを残すと「あなたが甘やかすから」とか「育て方が悪い」って……。
　Th：あら，お子さんの好き嫌いなのに？

Cl：そうなんです。なぜか私のせいにされちゃって。
Th：あらま。
Cl：それでもうおばあちゃんちに行きたくないなって。なんで私だけそんな風に言われなきゃいけないのかなって。
Th：そりゃ，思っちゃいますよね。
Cl：そうなんです。
Th：で，食事の時，お父さんはどうしてるの？
Cl：いやー，我関せずですよ。ずーっと食べてる。
Th：あー，お父さんは「おかんのハンバーグやっぱうめぇなー」みたいに他のことを考えてる，みたいな感じ？
Cl：あははは，はい，もうそんな感じ（笑）。
Th：他，誰か一緒に食卓を囲んでいる人はいる？
Cl：おじいちゃんです。おじいちゃんは何も言わず冷たい目で私を見てる。
Th：あー，何を思ってるかわからないけど視線が気になるわけね。
Cl：そうなんです。
Th：じゃあ，お呼ばれする，食卓に着く，食べ始める，嫌いなものがある，息子が残す，おばあちゃんが怒る，あなたが受け流す，で終わっていくってこと？
Cl：大体そんな感じです。
Th：残したものはどうなるんですか？
Cl：あー，もうごちゃごちゃ言われるのが嫌なんで，息子の皿から私がさっと取って食べちゃうんですよ。
Th：へー。じゃあ出来事の順番的には？　お呼ばれする，食卓に着く，食べ始める，嫌いなものがある，で？
Cl：おばあちゃんが声をかける，息子が固まる，私がさっと取る，おばあちゃんが私に怒る，ですね。
Th：あら，息子さん固まるの？
Cl：もうね，固まってる息子におばあちゃんが声をかけ続けるのが嫌な

ので，私がさっと食べるんです。もったいないし。
Th：あー，フードロスの観点ね（笑）。息子がおばあちゃんにあれこれ言われて固まっているのも耐えられない。
Cl：そうですね（笑）。
Th：おばあちゃんは息子さんに，何と？
Cl：せっかく作ったのに，とか，食べないと病気になるよ，とか，薬だと思って食べなさい，とか。
Th：それを聞くのが嫌でお母さんが食べちゃう？
Cl：そうなんです。
Th：それだとお母さんが元気に成長しちゃいますね（笑）。
Cl：あー，おばあちゃんからしたらそう見えるかも（笑）。息子に言われてないのに私がさっと食べちゃうから。
Th：たしかにそうかもしれませんね。月2回の訪問，毎回そんな感じなの？　そうでない時もある？
Cl：いや，大皿の時とか，バイキング形式だと息子が好きなものを食べられるので，とくにそんなやりとりはないです。
Th：あー，好きなものを取る時は，食べられるものだけ取ったらいいもんねぇ。
Cl：ほんと，いつもバイキング形式にしてくれたらいいのに。
Th：うーん，どうしたらいつもバイキング形式のご飯を作ってくれるのかなぁ。家中の小皿を割ってみるとか？
Cl：ははは，いいですねそれ（笑）。
Th：じゃ，おばあちゃんとお父さんの関係はどんな感じ？
Cl：「ご飯食べにおいで」とかの連絡は夫に入るので，関係が悪いわけじゃないと思うけど，そんなに会話する関係性でもない感じかなぁ。ご飯の時もとくにしゃべらないし。
Th：そうか，じゃ，仲は悪くないけどすごく良いわけでもない。
Cl：そんな感じです。
Th：お子さんは？　おばあちゃんとお孫さんとして。

Cl ：あー，めちゃくちゃ甘いです。すぐお菓子をあげたりジュースを飲ませたり。

Th ：へー，お孫ちゃんには甘いのか〜。

Cl ：そうなんです，すごい可愛いみたいなんで。

Th ：そっか，じゃ，お孫ちゃんが「僕，次はおばあちゃんの○○が食べたい！」って言ったらどうなるんでしょ？

Cl ：おばあちゃん，張り切ってそれを作ると思います。あー，私じゃなくて息子に言わせたらいいんだ（笑）。

Th ：おー，それはいいですね！　息子さんが自分で好きなメニューをリクエストする。

Cl ：それならおばあちゃんも作ってくれると思います。

Th ：なるほどね。息子さんのリクエスト。息子さんが自分で「これがいい」っておばあちゃんに伝える。

Cl ：そうですそうです。それで，嫌いなものが出ても，私がさっと食べずに息子に言わせてみればいいんですね。言われてハッとしました。

Th ：そっか，お母さんが頑張っちゃってたもんね。

Cl ：そうですね。

Th ：でも，長年の習慣だからなかなか変わらないかもしれないから，一度に全部やろうとせずに，まずは観察だけでもいいからね。月に2回のお食事会は実験場だと思って。

Cl ：そう考えるとちょっと楽しみになってきました！

Th ：ははは（笑）。じゃ，次回は関わりの中で何が起こっているのか，何を変えてみたらどう変わったのかを観察してみて，いろいろ教えてくださいね。

Cl ：はい，わかりました。楽しみです！　ありがとうございました。

　この事例は，主訴となる話題の中の登場人物を探り，それぞれの立場を確認し，使えそうなリソースを探し，今のパターンと別のものを持ち込めないかを共に検討し，それを実践してもらい，次回の面談で結果を聴く，という

システムズアプローチのオーソドックスな面談である。

　システムズアプローチの面白さは，登場人物すべてが「よかれ」と思ってやっていることがうまく回っていない現実に対し，セラピストという外部の人間が入ることによって，さまざまな視点の追加や方法の検討が行われ，実際に現実が変わっていく点にある。そのことがクライエント個人や家族，集団としての自信や自己効力感につながり，それぞれが問題と向き合い，解決していく強さと賢さを身につけていく過程を見られることが，この技法を扱う者の喜びであり，やりがいでもある。

組織におけるシステムズアプローチ

　システムズアプローチを用いた個人面談を紹介し，大まかな流れをご理解いただいたところで，今度は複数面談を主とするカンパニーカウンセラーがシステムズアプローチを用いながらどのように組織に関わっているかをご紹介したい。

　カンパニーカウンセラーは企業と契約を結び，定期的に会社に出向き，そこで働く人々のメンタルヘルス向上のために，個人カウンセリングやグループカウンセリング，会議のファシリテーションや管理職へのコンサルティングを行う，いわば企業の顧問心理師である（カンパニーカウンセラー®はアレルギーヘルスケアグループ内傘下企業が有する登録商標である）。

　冒頭でもお伝えしたが，私はこれまでSCとして学校組織に関わってきた。学校では児童や保護者のカウンセリングを中心に行っていたが，仕事の大半は15時45分以降，児童が帰宅した時間帯にあった。相談室には多くの学校職員が来談し，子どもや保護者の情報はもちろん，学校内の人間関係の話も多く寄せられ，面談の中でその解決に向けての策を共に練り，先生方の作戦が実行され，結果を出すのを見守ってきた。当たり前のことではあるが，子どもにとって学ぶ場である学校は，先生にとっては働く場であり，学校は彼らが属する「組織」でもあった。学校にはSCがおり，そこで働く人々は組織の中での困りごとを心理の専門家と共に考えることができるが，一般の（と

くに中小）企業はこうした小さな困りごとを専門家に相談する場所がない。学生時代は相談室があり専門家に相談できる環境が身近にあるが，社会に出たら急に相談先がなくなるのは，制度としての不備ではないか。かくして，SCのように定期的に会社を訪問し，働く人が気軽に相談できる場を作ろうとカンパニーカウンセラーという仕事を生み出したのだ。

そのような視点で組織内を見る心理師として，まずはセラピスト自身が関わる組織や人にジョイニングし，可能な限り多くの登場人物との信頼関係を結ぶことができなければ，いくらシステムズアプローチを使おうとしてもうまくいかないと感じている。個人面談であれば，最低限目の前に座ったクライエントとの一対一の信頼関係を築くことができればよいが，システムズアプローチとなると，クライエントを取り巻くすべての人（協調関係であろうと対立関係であろうと）との信頼関係を結ばねばならない。来談したクライエントが話をする時に，まずはしっかりと傾聴をし，ここまで彼らが尽くしてきた努力に敬意を払うことが重要であるのと同時に，この人（クライエント）の周辺でこの状況に触れているすべての人の経験と努力に想いを馳せ，彼らにもまた同じように敬意を払わねばならない。

そうして，登場人物すべての生命と存在に敬意を払うことができれば，やっとシステムズアプローチの出番である。目の前に座った人が，先に来談したクライエントとどのような関係であろうと，目の前の人に積極的にジョイニングし，自分自身も大切なメンバーの一人として担当する組織の中に入り込んでいく。

そのように大人数が関わる組織の中で観察を行い，個別に聞き取りを続けていると，人々の言い分や一人ひとり（もちろんセラピスト自身も）が見ている現実が異なっていると気づくことがある。そのような時，人は「何が真実か」をすぐに解き明かしたくなるものだが，システムズアプローチの「ものの見方」ではそのようなことは考えない。なぜならば「真実は人の数だけある」からだ。これは，システムズアプローチでは「円環的因果律」に基づいた「ものの見方」と呼ばれる。円環的因果律とは，起こった出来事はすべて円環的に作用しているという考え方であり，すべての出来事はコミュニケー

ションの相互作用でできているということを意味する。

　たとえば，社内で上司に報告をしない部下がいるとする。困っている上司の話を親身に聴くと「部下はきちんと報告をするべきだ」という思いに寄り，お互いが「どうすれば部下が報告するようになるか」に着目し，そのカウンセラーの枠組みが上司の「部下が悪い」という信念（枠組み）をさらに強化し，事態は膠着していくばかりである。カンパニーカウンセラーはクライエントの許可を取り，またはさりげなく対象者に接近し，もう一方の話を聴くことで違う景色を探しに行く。今回の事案ならば，部下は上司に報告をしてもその件を放置され，さらには報告の仕方が悪いと怒られた経験があり，言っても無駄，言うだけ損という信念（枠組み）をもっていた。両者の景色（文脈）を見て，皆さんはどのように感じるだろうか？

　カンパニーカウンセラーとしてすべきことは，部下に対して「報告してよかったと思えた経験はあるか」「どのような反応が返ってきたら報告してよかったと思えるか」「現在との違いは何か」「その違いを埋めるためにできることは何か」を問いつつ考える場を与え，上司には「これまでどのような報告があり，どう対応していたか」「もし今であればどう対応するか」「今後どのような対応が望ましいと思えるか」を話し合いながら，部下を受け入れ自己を成長させようという心の準備ができるように関わり，両者の準備が整い，どちらかが対話の場を望むようになったその時に，お互いが安全に自分の想いを伝え合うことができる「場」を作ることである。話し合いの場が開かれたら，カンパニーカウンセラーは複数面談におけるファシリテーターの役割を担うことになる。

　システムズアプローチを専門とするセラピストとして，先述したとおり個人面談のスキルがあるのはもちろん，複数面談の際のファシリテーションを学び，扱えるようになることは必須である。複数面談の際の手法はさまざまあるが，それぞれの特徴を把握し，ケースの議題と参加するメンバーの関係性を加味しながら，ここではどの手法がマッチするのかを判断し選べるようになることが第一歩である。複数面談が始まれば，セラピストは常に場をコントロールしながらも透明性をもち，どのような場面でも前向きでポジティ

ブな反応を示し，対話を進めていくことによって起こる化学反応を楽しみ，最終的に得られる成果に期待している姿勢を見せることが重要である．また，セラピスト自身が高い目的意識をもち，話し合われていることが脱線していないか，参加者全員にとって役立つ内容になっているかに注意を払い続けながら対話の場を進めていく．そのうえで，参加しているメンバーが安心して意見を述べることができるよう，グループ全体を緊張させずに受容的で温かくかつ自由な雰囲気を守りながらファシリテーションを行う姿勢が必要であるため，自分自身の態度や発言が個人や場にどのような影響を与えるかを考え，予測し，検証しながら対話を進めていくという，対話の場に参加しているメンバーのことだけでなく自分自身をも俯瞰して見ることができる能力も求められる．

対話の場ではそれぞれの考え方，価値観や経験が共有されるが，セラピスト自身がジョイニングで場に馴染み，コンプリメントでメンバーを励ましながら，さまざまな人から聴こえる異なる真実の中から，人々が一方的に見ている景色や相手に正しく伝わっていないことなど，それぞれの「真実」の中にある差異を見つけ，その差異を精査し，全員が受け取りやすい言葉に翻訳して，場の中に丁寧に置いていきながら全体の対話を促進していくと，場に新たな関係性が生まれ，そのグループの新しい未来が見えてくる．

こうした対話の場に同席し，話し合いの経緯を見ていると，対話の場は山登りに似ており，セラピストはガイドの役割を担っているように感じる．最初は高い山を裾野から見上げ「この山を登るのか」と途方に暮れる．この山を登り切れるだろうか，全員を守り切れるだろうか，という不安と，頂上はどんな景色だろうか，協働することでこのメンバーの関係性はどう変化していくのだろうかという期待が入り混じった複雑な思いを抱きながら対話の場をスタートさせる．そして実際に場が動き始めると，苦しい場面や楽しい場面，休憩したり少し早めに進めたりといろいろな場面を体験しながら全員で右往左往しているうちに，メンバーの本音が聞かれ，新しい世界が開かれる．そうして登り切った頂上の景色があまりにも綺麗で，また対話の場という山を登りたいと，そう思ってしまうのである．

カンパニーカウンセラーの実践例

　ここまでの話は抽象的で，読者にとっては腹落ちしないところが多いかもしれない。話の解像度を上げるために，私が組織に関わりながら経験した美しい景色（ケース）をご紹介できればと思う。

　金属加工業Ａ社は，全従業員20名弱の中小企業で，社内のコミュニケーションに課題を抱えており，アレルギーヘルスケアにカンパニーカウンセラーとしての関わりを依頼，年１回の従業員ストレスチェックと月１回の定期訪問契約を結んだ。初回の面談でＡ社の取締役であるＴは，ある懸念を話してくれた。Ａ社の中で関係性がよくない，製造部のＳとＫの話である。

　Ｓは金属加工の前工程，Ｋは後工程を担当しているため，日々の関わりは少ないが，それでもここ３年ほどまったく話している姿を見ないということだった。何か思い当たるきっかけがあるかと問うと，以前ＴはＳから「Ｋの残業だけが多い。彼が意図的に生活残業をしていて，会社は彼だけを特別扱いしているのではないか？」という指摘を受けたという。そのため，ＴはＫの仕事への取り組みや残業について改善させるべく「社内の人間からあなたの残業に対する批判があった」ということをＫに伝えた。Ｋはその話を受けて「その日に残っていた人はＳしかおらず，その話をしたのはＳであるはず」と問うが，Ｔは一切それに答えなかった。その後，少し残業が減ったＫであったが，Ｓとの関係は冷え切ってしまい，目も合わせない関係性が続いた。Ｋは同じ会議にＳが出席していることを知ると，できる限り遠くの席に座り，そして次の会議からは忙しいことを理由に欠席し続けた。

　Ｋとカンパニーカウンセラーの関係性は良好で，Ｋは毎回必ず予約を入れ，カンパニーカウンセラーと面談の機会をもった。カウンセリングの場で，Ｋは「Ｓは自分を嫌っており，無視をしたり余計な一言を言って不快にさせる」というストーリーを語り，Ｓに対する疑念や不信感を吐露した。ある日，Ｋはカンパニーカウンセラーに「自分は一人部署で，仕事上の苦労を誰も理解してくれない」と語った。カンパニーカウンセラーが「何があれば，皆が自分の仕事を理解してくれたと感じることができますか？」と質問すると，

「誰でもいいので自分の仕事を体験して現状を知ってほしい」と述べた。カンパニーカウンセラーはKの了承を得て上司であるTを呼び，Tの前で先ほどまでのKとのやりとりを再現，Tはそれを聞いた後「誰かに手伝いに行かせましょう」と好意的な反応を示したため，製造部全員が必ず3日間，短時間ではあるがKの部署に手伝いに行くというルールを提案し，両者とも了承した。相談室からKが退出した後，Tはカンパニーカウンセラーに「Sは絶対に文句を言ってくると思う」と述べたため，Tに「意見があればカンパニーカウンセラーに言いに行くように」と伝えることをお願いし，当日の業務は終了した。

カンパニーカウンセラーとは，これまで立ち話程度でしか交流のなかったSだったが，翌月の定期訪問日にカウンセリングの予約が入っていた。予約時間に現れたSは，開口一番「Kさんの手伝いの件で文句があれば岡田さん（カンパニーカウンセラー）のところに行くように，とTさんに言われたので来ました」とはにかんだ。カンパニーカウンセラーはSに着席を促し「Kさんのお手伝いの件，何かありましたか？」と質問したところ，Sは3年ほど前からKに避けられていること，そのきっかけは自分がKの残業を指摘したことにあると思っている，ということを語った。話を深めていくとS自身の本心として，残業禁止の会社で上司に容認され堂々と残業を行うKに対し「ずるい」という気持ちはあったものの，会社はKに辞められると困るので彼だけを特別扱いしているのではないかという組織への疑念をTに理解してほしかったのだという思いに辿り着いた。

S　　：あの時，Tさんに余計なことを言うんじゃなかったな。Kさんに申し訳ないことをしたと思う。
岡田：Kさんは今，あなたの気持ちに気づいていると思いますか？
S　　：知らないでしょうね。今も彼は怒っていると思う。
岡田：その思いが伝わっていないのってもったいないし，何か悔しいな。
S　　：悪かったという気持ちは伝えたいですよ。でもそのタイミングがなくて。なんか唐突でしょ，今さら。

岡田：本当はきちんと伝えたいんですね。それこそ本当にもったいない。
S　：きっかけがなかなか難しいんですよね。
岡田：今，あなたが現場を離れているので，周囲の人たちはあなたがここに来ているということを薄々は知っているんですよね？
S　：そうですね。ちょうどKさんの手伝いの話が朝礼で出たので，みんなそのことで僕が岡田さんに相談に行っているのだろうなと考えていると思う。
岡田：Kさんも？
S　：たぶん（笑）。
岡田：Kさんは，あなたが自分の手伝いのことを相談していると感じていたとして，何かアクションを起こしてくると思いますか？
S　：それはないですね。Kさんは今回僕が相談に来ていることも悪い方向に考えて，あまりいい気はしていないと思う。
岡田：申し訳ない，という気持ちを話しているのにね。
S　：もう伝えたほうがいいですかね。せっかく岡田さんもいるし。
岡田：お互いの定年まであと20年以上か……。
S　：どうせここに来ていることはもう皆わかっているし，これを機に言いますよ。
岡田：あなたの気持ちをKさんが「ありがとう」と言って受け取ってくれたらいいけれど，「絶対許さない」と言って受け取ってくれない可能性もあるけど大丈夫？
S　：もう関係は悪いし，これ以上悪くなることってないでしょう？　僕が呼びに行くと構えると思うので，とりあえず僕が話したいということを岡田さんがKさんに伝えて，ここに呼んでもらっていいですか？
岡田：Kさんを呼んできていいんですか？　今ならまだ引き返せますよ。
S　：もう決めたので大丈夫です。岡田さんがいるうちに話さないときっかけが掴めなくなる。
岡田：わかりました。今の気持ちを一緒にKさんに伝えましょう。

カンパニーカウンセラーはKの部署に行き，Sが今回の手伝いの件で相談室に来たこと，Kと少し話がしたいと言っていることを伝えると，Kは驚いた表情を見せたが，すぐに話し合いを了承し，来談した。

K　：（Sの顔を見て）何何何何？
S　：いや，忙しいのにすみません。
K　：えっ，何で？　何なん？
S　：いや，僕ら3年くらい話してないじゃないですか。
K　：3年？　そんなになる？
S　：それね，僕がKさんの残業のことをTさんに言ったからじゃないかとずっと思っていて。
K　：あー，そのこと？
S　：あれ，本当は，会社が僕らには残業するなって言っているのに，Kさんだけ特別扱いしているんじゃないかってことを言いたかったのに，違うように伝わってしまって。
K　：まぁ，正直一人部署で大変で，納期もあるしとにかくやらなきゃと思って一生懸命残業していたのに，急にTさんに残業のことを注意されて驚いた。Tさんは誰とは言わなかったけど，大体察しはつくよね。やっぱりS君か。
岡田：SさんはそのことでKさんに伝えたいことがあって。
S　：そう。余計なことを言って本当に申し訳なかったなと。以前は一緒に遊んだり飲みに行っていたのに，それからずっと話ができていなくて。
K　：そりゃ，いい気はしないよね。それならちゃんとこっちにも相談してほしかった。
岡田：Sさんはずっと気にしていて，今回の手伝いも行っていいのか悩んだみたい。
S　：ずっと気まずくて，話すべきかどうかはすごく悩んだけど，このままも嫌だなって思って。ちゃんと謝って，普通に話せるようになりたかったので，今回を機に話をしたいと思った。来てくれて嬉しいし，あ

りがたい。
K　：Tさんのやり方もよくなかったと思う。間接的に聞いたことで余計に腹が立った。
岡田：Sさんは特定の人が優遇されていると感じる会社の体制について問題提起したつもりが，いつの間にかKさんの残業についての問題にすり替わっちゃったんですね。
S　：真意としてはそこだけど，僕としてもKさんの残業をダシに使ったみたいになったので，そこは本当に申し訳なかった。
岡田：Sさんはそれが3年間ずっと気にかかっていたっていうことですよね。
S　：いやぁ，そりゃ気になりますよ。急に話せなくなったし，絶対自分のせいだし。
K　：話を聴いて，3年も気にかけてくれていたことに驚いた。もういいよS君。君の気持ちはよくわかったし，いろいろちゃんと話せていなかった僕も悪かったと思う。
S　：僕のこと，ずっと嫌いだったでしょ？
K　：それは，そうよね。でももう謝ってくれたし，本当のこともわかったから大丈夫。
岡田：KさんのところにSさんがお手伝いに行っても大丈夫？
K　：あ，それはぜひ。僕がどんな仕事をしているか知ってもらいたいし。
S　：勇気を出して伝えてみてよかった。Kさんとこうして笑って話せるって思っていなかったから。
岡田：Sさんの勇気と，許してくれたKさんの優しさが今の状況を作ってくれたと思うし，この場に関わることができて私もすごく嬉しい。同席させていただきありがとうございます。

　翌月，定期訪問日に工場に立ち寄ると，Kの部署で2人が肩を並べて仕事に取り組む姿がみられた。上司であるTが「あの2人，この間一緒に飲みに行っていたようですよ。何かあったんですかね？」と声をかけてきた。その話を聴きながら私は「そうなんですか！　そのことについてTさんはどう感

じていますか？」と問う。次はTさんの見ている世界を少し覗かせてもらうために。

おわりに

　心理職はこれまで，医療や福祉，教育の中で，主に社会的弱者を救うために活躍してきたが，近年，企業内でのメンタルヘルスの重要性が叫ばれ，ストレスチェックの義務化や健康経営の推進，人的資本情報の開示など，健康に働く人のケアについても関心が寄せられるようになってきた。産業分野に身を置く心理職として，我々の活躍の場は労働人口の減少と共に今後ますます増え，世の中から必要とされ，また多くの人から期待される役割を担うことになりつつあると実感している。そのような社会の変化と共に，システムズアプローチの「ものの見方」を身につけた心理師が企業に関わり，人と人の間の問題に向き合い，働く人の心の健康を守り，うつや適応障害などの心の病を未然に防ぐことができる体制をもつ会社や組織が高く評価される時代が必ずや来ると信じて，微力ながら組織で活かすシステムズアプローチのよさを社会に伝えていきたいと思っている。そして，システムズアプローチの普及によって，日本の未来と，心理職を目指す若者のこれからが，希望に満ちた明るいものになるようにと心から願いつつ，これからも地道に日々の実践を積み重ね，現場で働く人々と共に1つでも多くの美しい景色を見るために，システムズアプローチの視点をもって組織内での対話（ダイアローグ）を重ねていきたいと思う。

第11章

看護に活かす3つの視点

Kano Mari
狩野真理

はじめに

　筆者は，看護師としての経験を経た後に心理学を学び始めた。とくに家族療法，システムズアプローチに関して学んでいた際，看護師時代に頑張っているのにうまくいかなかった場面の謎がふと解けたように感じた。たとえば「不安を訴える患者に対し，一生懸命励ましても不安の訴えが続く」「患者に一生懸命，禁煙指導を行っても，なかなか禁煙ができない」といった場面である。"患者さんによくなってほしくて頑張っているのに，なんでうまくいかないんだろう。他の患者さんではうまくいっているのに，なぜ，この患者さんに対してはうまくいかないんだろう……"と疑問に思っていたのである。だが，システムズアプローチを学んでいくと，"そうか！　あの時，うまくいかなかったのは，こういうことが起きていたからなのか！"と腑に落ちる瞬間がたびたびあった。それは，「相互作用に注目する（自分自身を含む）」という視点を学んだ時であった。その後も，システムズアプローチを学びながら看護の現場を振り返ってみると，かつての困った場面ではこういうことが起きていたのではないか，と状況が整理された気がした。非常にたくさん

の視点があるのだが，今回は，次の3つに焦点を絞って紹介する。

・相互作用に注目する（自分自身を含む）
・フレーム（枠組み）という考え方
・ジョイニング

　また，看護の現場では，ゆっくり丁寧に患者の話を聴くことも大切であるが，忙しい現場では，なかなか時間が取れないのも現実である。そこで，丁寧な面接過程は他章を参照していただくこととし，本章では，短い時間での関わりの中で役に立つヒントやエッセンスをご紹介したいと考え，会話文の形式でお示しする。
　以下は，看護の現場でありそうな場面を想定している。なお，会話例は複数のケースから合成された架空事例である。

相互作用に注目する（自分自身を含む）

（1）不安を訴える患者との会話場面

　不安を訴える患者がいた場合，看護師は，患者の不安に耳を傾け，少しでも不安を和らげようと，どのような不安を感じているのか，不安の原因を特定しその原因を除去しようと努める。そのため，どういった不安があるのかを丁寧に聴こうとする。いわゆる『原因⇒結果』の考え方である。多くは，その方法で落ち着きを取り戻す。ただ，時にこの方法でうまくいかない事態に陥る場合があった。

〔会話例1-1〕冠動脈バイパス術を受けることが決まり（人生で初めての手術），
　　漠然とした不安を訴えている
　患者　：手術のことを考えると不安なんです。心臓の手術ですよ。全身麻酔ですよね。お任せするしかないとは思ってるんですけど，不安なんですよ……。

看護師：❶手術のことを考えると不安になりますよね。主治医の先生からもう一度説明していただきましょうか？　どういったことがご不安ですか？

患者　：さっき説明していただいたから，とりあえずは大丈夫です……。とにかく，いろんなことが不安で，心配なんです……。

看護師：❷いろいろご不安なのですね。でも，❸主治医の先生からも説明があったように，今は，手術日まで体調を整えることを大切に考えましょう！

患者　：いろいろ考えてしまって食欲も出ないんです。お昼ごはんも半分しか食べられませんでした。

看護師：❹手術に備えて体力をつけることも大切ですので，頑張って食べてくださいね。

患者　：夜もなかなか寝つけなくて，いろいろ考えてしまうんです。寝る前はとくに不安になってしまうんです……。

看護師：❺眠れないようでしたら，主治医の先生に報告して，お薬を出してもらえるか相談してみましょうか。

患者　：そうですね……お願いします。はぁ……でも，眠れるかしら……。夜になるといろいろ考えてしまうんですよ。

看護師：❻しっかり眠るのも大切なことですので，手術まで体調を整えましょう！

〔会話例1-1〕は，看護師は，患者を安心させたいという思いの強さから，不安を軽減するよう努める姿勢が続いている。患者と看護師の相互作用を見てみると，『患者：漠然と不安を訴える⇒看護師：励ましたり対策を伝える⇒患者：漠然と不安を訴える⇒看護師：励ましたり対策を伝える⇒……』のパターンにはまっていると考えることができる。

　筆者が大学院時代に初めて担当した事例がまさにこのパターンであった。不安の強いクライエントを担当した際，スーパービジョンで「不安を訴えるクライエントに対し，安心させよう安心させようとしている様子が逐語録か

ら伝わる」と指摘を受けて気づくことができた。もちろん，その際は，直接的な励ましの言葉を伝えていたわけではないが，無意識に"クライエントさんの不安を軽減したい！"という思いがあらわれていたようである。では，この場合どのようにすればよいかというと，**セラピストの対応を変える**ことである。具体的にはクライエントの「不安を受け止め，丁寧に扱うこと」であった。その後，不安に思っていることを丁寧に扱っていくことで，クライエントの不安は軽減していった。東（2013）が，「治療システムにおいて，まずは部分としてのセラピストが変わる（動く）ことで，クライエントの間に治療的な相互作用を作り出し，その結果としてクライエントに変化が起こる」と述べているように，セラピストの対応がクライエントに影響を及ぼしていたということを学んだ事例であった。

さて，看護師は患者のアセスメントは得意であり，患者自身（あるいは患者とその家族）に注目をする。この場合は，「不安を訴える患者」に注目するのである。もちろん，自分の言葉や口調などのコミュニケーションが患者に影響を与えることは理解しており"さっきの伝え方はよくなかったかな？"など自分の言動の振り返りもする。ただ，双方向でお互いに影響を与え合っているといった，自分と患者との相互作用についてのアセスメントという視点まで深く考えたことがなかった。この視点をシステムズアプローチで学んだ時，「目から鱗が落ちる」とはこのことか，と思った。

たとえば，〔会話例1-1〕でも不安を軽減するため原因を特定しようと質問しているが，患者は不安の原因を明確に言葉にできていない。何か原因なのかはわからないが，漠然とした不安を抱えている場合もある。そういった時にあまり原因を探られると，質問攻めに合っているような，自分の不安な気持ちをわかってもらえないような気持ちになってしまうと考える。"ただただ不安なんだ。とにかく不安な思いでいっぱいなんだ"ということを受け止めてほしいだけの時もある。それを自分と患者との相互作用から読み取っていくというのは，システムズアプローチから学んだ視点である。「受容の達人」（東，1993）が非常に参考になる。では，先ほどの会話例を再度，見て

みよう。

〔会話例1-2〕
患者　：手術のことを考えると不安なんです。心臓の手術ですよ。全身麻酔ですよね。お任せするしかないとは思ってるんですけど，不安なんですよ……。
看護師：❶手術のことを考えると不安になりますよね。主治医の先生からもう一度説明していただきましょうか？　どういったことがご不安ですか？
患者　：さっき説明していただいたから，とりあえずは大丈夫です……。とにかく，いろんなことが不安で，心配なんです……。
看護師：①全身麻酔で心臓の手術ですし，いろいろと考えたら不安になってしまいますよね……。
患者　：そうなんです！　さっき説明してもらったんですけど，後からいろいろ気になってしまうんです。
看護師：②説明を受けている時は案外わかったつもりになっていて，後から考えると，あれこれと気になったりしますよね。
患者　：ええ。その時はわかったように思えていたんですが，後から気になってしまうんですよ。
看護師：③Aさんは，今まで一度も手術を受けたことがなくて今回の手術が初めて，ということですよね。何度受けたとしても不安だとは思いますが，初めてだと余計に不安も高まりますよね。小さなことでも，何か気になることがあればおっしゃってくださいね。
患者　：ありがとうございます。そうですね。私，人生初の手術で心臓ですもんね。そりゃあ，不安にもなりますよね。気になることができたら，また聞いてもいいですか？
看護師：もちろんです。どんなことでもかまいませんのでいつでもおっしゃってくださいね。また伺いますね。

まずは患者のフレームと雰囲気に合わせて聴いていく。そして，たとえば

①②③のように，語られた漠然とした不安を共感的に受け止めていくことで，"自分のよくわからないが不安な気持ちをわかってもらえた"と患者の不安は少し軽くなると考える。実際，大学院でのケースも「いろいろなことが不安でたまらないんです」から「これだけのことがあったのだから不安に思うのも当然よね。不安は不安だけど，解決策がないから，なるようにしかならないか」のように語りが変化していった。一方，最初の〔会話例1-1〕では，❶❷のように共感的な言葉も伝えながら，具体的な不安を聴こうと努めても，具体的な内容がわからないため，元気づけようと❸❹❺❻のように励ましたり，対策を伝えるという対応をしている。また，患者は不安そうに話しているにもかかわらず，看護師は元気よく励ましている。そのため，患者は自分の不安をわかってもらえないと感じ，さらに不安の訴えが続くといったパターンにはまっていると考える。

　ただ，誤解してほしくないのだが，患者に対して励ましたり，対策を伝えるという対応を否定しているわけではない。患者によっては〔会話例1-1〕の「❸主治医の先生からも説明があったように，今は，手術日まで体調を整えることを大切に考えましょう」の励ましに，"そうだなぁ。今は，あれこれ考えずに体調を整えることだけを考えよう！"と思う場合も考えられるし，実際に，励ましが不安の軽減につながる場合も多く，対応策が役に立つことも多い。大事な点は，**会話の相互作用に注意を向けて，気づくこと**である。患者の反応がよく，"このまま励まし続けて大丈夫そうだ"と考えた場合は，励ましたり，対応策を考えたりすることで状況がよい方向に進むが，ますます不安を訴えていることに気づいた場合は，このパターンにはまっていると気づき，励ましから一旦離れ，不安を受け止め丁寧に扱うことが重要である。

　この考え方は，たとえば，看護師同士の関係性に置き換えても同様である。以下は落ち込んでいる新人看護師と先輩看護師との会話例である。

〔会話例2-1〕何もできないと落ち込んでいる新人看護師の話を聴いている先輩
　　看護師
　新人看護師：私，看護師に向いてないと思います。何もできないんです

先輩看護師：……もう辞めたいです。
先輩看護師：❼<u>そんなことないわよ。まだ１年目でしょ</u>。私も，ちょうどあなたぐらいの頃は，<u>同じように悩んでいたのよ。だから大丈夫よ！</u>
新人看護師：先輩もそうだったんですね。でも，私は本当に何もできなくて……全然ダメで……。
先輩看護師：❽<u>大丈夫よ。みんな同じよ</u>。<u>もう少ししたら仕事にも慣れてくるから</u>，<u>大丈夫よ！</u>
新人看護師：そうでしょうか……。（先輩は仕事ができる人だから，私とは違うよね……）
先輩看護師：❾<u>そうよ！　みんな通る道！</u>　毎年，今の時期は同じように悩んでるわね。<u>これこれこんなこともあったのよ。だから，あなたも大丈夫！</u>　一緒に頑張りましょう！
新人看護師：はい……。（先輩だからだよな……自分の気持ちはわかってもらえないんだろうな……）

『新人：落ち込む⇒先輩：励ます⇒新人：落ち込む⇒先輩：励ます⇒……』のパターンになっている様子が伝わるであろう。ここでも同様に，先輩看護師「❽大丈夫よ。みんな同じよ。もう少ししたら，仕事にも慣れてくるから，大丈夫よ！」の後に，新人看護師が「え⁉　先輩もそうだったんですか！　ちょっと安心しました！」となる場合もある。だが，いくら励ましても元気になる様子がみられない場合は，『落ち込む⇔励ます』パターンにはまっていることに気づき，そこから先輩看護師は，自分の対応を変えることが大切である。

　方法としては，"どのようなことがつらいのだろう？　一体何を伝えたいんだろう？"などと思いをはせながら，新人看護師の話を丁寧に聴くことである。さらにその後，解決志向アプローチ（森・黒沢，2002）でよく使われている「この問題がほんのちょっとでも良いときはありませんか？」と問う例外探しの質問や，「そんな大変な状況の中で，よく今日まで投げ出さずに

第11章　看護に活かす３つの視点

やってこれたわね。いったいどうやって投げ出さすにこられたの？」と問うコーピング・クエスチョン（サバイバル・クエスチョン）などの質問を用いる方法がある。だたし，**急がない**のがポイントである。いきなりこれらの質問をすると，"自分の大変さを何もわかってくれていないのに，何を言っているの？"となってしまう。丁寧に困りごとを聴いた後に使うと，非常に有効な質問である。

また，フレームという視点からも，次節「フレーム（枠組み）という考え方」で〔会話例2-2〕として提示する。

（2）指導・助言を行っている場面

看護師は患者に対し生活に関する指導・助言を行うこともある。ここでも，"患者さんによくなってほしい，生活を改善してほしい"という思いから，一生懸命に説明し，説得しようとすることも多い。たとえば禁煙指導である。その指導がきっかけとなって禁煙ができる患者も多いが，「あなたの身体のためですよ」とタバコの悪影響などを説明・説得しても，患者にとっては"わかっちゃいるけど，それができたら苦労はしないんだよ……"という思いから，なかなか改善されないことがある。その場合，"看護師自身の説明の仕方が不十分で，患者の理解が得られないのではないだろうか？"などと考え，さらに説明を加え，改善されるよう説得をますます強めていく。ここでも『患者：改善されない⇔看護師：説得を強める』のパターンが繰り返される場合がある。指導の場面においては，このようなパターンが起こりがちであることを知っておくことが大切だと思われる。他にも，子育て支援の現場では，次のような会話がなされることがある。

〔会話例3-1〕健診時に言葉の発達の遅れを指摘された場面
保健師：（母子手帳を見ていくつか質問した後）なるほど……言葉の発達が少し気になりますね。
母親　：❾どうしたらいいでしょうか？
保健師：❿いっぱい話しかけてあげたり，絵本の読み聞かせをしてあげた

り，同年代の子どもたちと一緒に遊ばせるのも言葉の発達に良いようですよ。
母親　：（やってるのにな……自分なりに頑張ってるのにな……）はい。ありがとうございました……。

　保健師は，発達の遅れを見つけそれに対して適切な助言をしている。実際，"どうすればいいかわからないので助言がほしい"と思っている場合もあり，その場合は，この対応で安心すると思われる。しかし，助言を受けた側としては，"自分なりに頑張っているのにうまくいかないんだ"といったモヤモヤした感情が残ってしまう場合もある。では，どのような点に気をつければよいだろうか。

〔会話例3-2〕
保健師：（母子手帳を見ていくつか質問した後）④なるほど……言葉の発達について，お母さまは，どのように思っておられますか？
母親　：他の子を見たりすると，ちょっと遅れてるんじゃないかと思って心配しているんです。
保健師：他の子と比べちゃいけないと思っても，気になってしまいますよね。⑤おうちではどのように関わっておられますか？（と，助言する前にまずはどのようにしているのか尋ねてみる）
母親　：いっぱい話しかけてあげたり，外遊びも連れていってますし，絵本を読み聞かせてあげたりしています。
保健師：⑥それはとてもいい方法ですね。続けてあげてください（と認めたうえで，追加の方法があれば伝える）。他にも，同年代の子どもたちと一緒に遊ばせるのも言葉の発達に良いようですよ。
母親　：時々は遊ばせているんですが，もっと機会をもちたいと思います。ありがとうございました！

　Fischら（1982）が「指示あるいは課題を具体的に考えることと，クライ

エントにそれを実行してもらうことは全く別の事柄である」と述べているように，相談者がその助言を受け入れ「やってみよう」と思えることが大切である。できていない点を見つけて，すぐに助言するのではなく，まずは，④のように母親の思いを聞いた後，⑤のように尋ねてみる。すると，母親なりの関わりが語られる。そこで，「⑥それはとてもいい方法ですね」とコンプリメントをする。自分の頑張りを認めてもらえると嬉しいものである。コンプリメントは，非常に有効である。

　もし，⑤のように問いかけても明確な返答が得られなかった場合は，たとえば，「お子さんの表情がとても良いですね。大切に育ててらっしゃるのでしょうね」など，母親をねぎらい，コンプリメントした後に助言をするほうが，いきなり助言をするよりも効果的である。ほんの少しの工夫でその後の会話の流れが変わってくる。

フレーム（枠組み）という考え方

（１）"何もできていないダメな私"と落ち込む新人看護師との会話場面

　医療従事者は，常にできていないところに目を向ける傾向にあると思われる。患者の異常の早期発見に努めるため，正常であることは当たり前であり，異常値を敏感にキャッチするためのアンテナが立っている。それが，常に自分自身や他のスタッフに対しても敏感に働いており，できていないことができるようになるための指導が行われる。そのため，できていないところの指摘が多い。たとえば，ある看護技術に10の手順や注意点があったとする。その際，10すべてできるようになるのが当然のことであるため，9のことができていたとしても，「○○を忘れてたからやっておいたよ」など，できていない１つに対して指摘が入る。10できるようになるための指導ではあるが，新人看護師は，こうした指摘が毎日続くと"今日もできていないことがあった""今日もこれがうまくいかなかった"という出来事から『自分なんて全然ダメだ。成長していない』というフレームを形成し，落ち込む日々となる。さらには，"看護師に向いていない。もう辞めたい"とまで思ってしまう場

合もある。できている9は自分の中でも当たり前のことであるため，そこを認めることも苦手である。自分自身も10できるようにならねばならぬと，努力を続けるのである。しかし，新人看護師時代から完璧にできるわけはない。近年では，看護業界も「ほめて育てる」といった指導方法に変化してきているようだが，なかかなかほめられない職種であると思われる。「間違えました。すみません」ではすまない職種であるため，現場はやはり厳しい状況であると考える。そのため，まずは自分でできているところ，成長したと思われるところ（**ポイントは，当たり前だと思っているところ**）を探して認めることが大事である。小さい変化は気づきにくく，つい周りの同期と比べてしまうことも多い。そのため，比較するのは過去の自分と現在の自分の比較である。ここで改めて，〔会話例2-1〕を，フレームの視点から〔会話例2-2〕として見てみよう。

〔会話例2-2〕何もできないと落ち込んでいる新人看護師の話を聴いている先輩看護師

新人看護師：私，看護師に向いてないと思います。何もできないんです……もう辞めたいです。

先輩看護師：⑦<u>そう思ってたのね。もう少しくわしく聴かせてもらってもいい？</u>

新人看護師：はい……。毎日，できていないことばっかりでつらいんです。最後に今日の振り返りをしてくださるのですが，できていないことばかりで……自分が不甲斐ないです……。

先輩看護師：⑧<u>毎日の振り返りで，できていないことばかりの話だと"自分，全然できてない……"って思ってしまうのね。</u>

新人看護師：そうなんです。同期は，どんどん進んでるのに，私は，まだ遅れてて……。同期は「自分も全然できてないよ」って言うんですが，そんなことないんです。今日もうっかりしてて，先輩が気づいてくれたからよかったんですが……。私は全然ダメなんです……。

先輩看護師：⑨同期と比べちゃいけないってことはわかってるけど，つい比べてしまって落ち込んでしまうこともあるのね。

新人看護師：そうなんです……。先輩から教えてもらってメモも取ってるんですけど，指摘されてから気づいたりします。

先輩看護師：⑩メモを取りながら頑張ってるのね。

新人看護師：指摘されなくても，"あ～，今日は，ここがダメだった"って毎晩，一人反省会です。まだまだなんです。

先輩看護師：⑪指摘がない日も，みずから振り返りもしてるのね。毎日，帰ったら疲れてるだろうに，なかなかできることではないと思うわよ。⑫頑張ってるのに，毎日，できていないことの指摘が続くと"全然できてない"って思ってしまうわよね。私たちも，たとえば，"10のうちの9できていても，できていない1ができるようになって，10になるように育てよう"っていう思いでいるから，ついついできていないところばかりを指摘してしまうのよね。ごめんなさいね。ここで，ちょっと振り返ってみてほしいんだけど……⑬4月のまだ入職した頃を思い出してみて。その頃の自分と今の自分を比べてみてくれるかな？　同期とではなく，過去の自分と比べるの。"その頃より自分，成長したな，これは一人でできるようになったな"と思える看護技術とか業務内容を具体的にあげていってもらえるかな？　たとえば，採血は一人でできる？

新人看護師：え……？　はい。採血はできるようになりました。

先輩看護師：そうね。できるようになったね。⑭最初の頃を振り返ってみて，採血するのも必要物品を準備して，手順を確認して，震える気持ちを抑えながらドキドキしてやってたんじゃないかな？　今はどう？

新人看護師：今は，難しい患者さんの時は先輩にかわってもらっていますが，だいたいできるようになりました。

先輩看護師：⑮難しい患者さんの時には先輩に変わってもらうこともでき

　　　　　　　ているのね。今の自分にできないことはできないと先輩に助けを求めるのは，すごく大切なことよ。成長してるでしょう。こんな感じでできて当たり前と思っていることも含めて，どんどんあげていって。
新人看護師：はい。清潔ケアも重症の患者でなければできますし，緊急でなければ入院も取れるようになりました。退院に関する業務もできます。心電図モニターもつけられます。12誘導心電図も落ち着いている時なら一人でとれるようになりました。輸液ポンプの操作もできるし……あれ……？　たしかに，入ったばかりの何もできなかった自分と比べるとできることが増えています！
先輩看護師：そうよね。どんどん成長しているから，自分の中で，できて当たり前になっているのよね。成長に合わせて難しいこともしてもらっているから，ちょっとのできていない点が目立ってしまうのよね。それと，⑯できていないところに気づくっていうのもあなたの力だと思うな。成長には「気づき」が必要だからね。
新人看護師：自分なんて全然ダメだと思っていましたが，自分なりに成長しているところもあるってわかりました。一人反省会で落ち込んでいましたが，次につなげる反省会にしたいと思います。もう少し，頑張ってみようと思います。ありがとうございました。

　まず⑦のように落ち込んでいる新人看護師のフレームを知ろうとする姿勢で関わる。そして，田中（2021）が「クライアントにとって納得のいく共感とは何かを考えること，すなわちクライアントのフレームを想像し，活用することが，クライアントとのコラボレーションを可能にする」と述べているように，⑧⑨⑫のように納得のいく共感ができるよう会話を進めていく。すると，「毎日，できないことばかり」「同期はできているけど自分はできてい

ない」「指摘されてから気づく」「指摘されなくてもダメだったことがある」などの語りから『何もできていないダメな私』というフレームを形成していたと考える。毎日，いろいろな出来事があるのにもかかわらず，『何もできていないダメな私』という自分の認知的なフレームに合うことだけが注目され，ますますフレームが強化されているのである。

　この時に注意したいことは，相手の資源を探しながら聴くことである。たとえば，⑩「メモを取るなどの工夫ができている」，⑪「自分のできていない点に気づく力がある」のように資源を探し，コンプリメントを挟みながら聴いていくことが重要であると思われる。

　そして，いよいよ⑬のように過去の自分と比べてもらい，できていることを集めていく。その際，⑭のように今はできて当たり前と思われることも，4月の自分と比べると大きく成長しているんだという差異を明確にしながら，⑮のようにコンプリメントを行う。この時，みずから「できる」という言葉を何度も口に出してもらうことも重要である。新人看護師は，4月の自分と比較してできるようになったことを複数あげていくと，だんだんと『何もできていないダメな私』から『できないことはあるけど成長している私』にフレームが変わっていく。このように，否定的に語られていたフレームが肯定的な意味づけに変わることを肯定的リフレーミングと呼ぶ（東，2013）。また，⑯のようにコンプリメントをすることは，『自分のできないところにばかり気がつく私』から『成長のために必要な気づきができる私』という肯定的リフレーミングになるための種まきとなるのではないかと考える。

ジョイニング

（1）食事制限があるのに隠れて食べている患者さんとの会話場面

　禁止されていることが守れない患者さんがいた場合，看護師は理解を得ようとその理由などを丁寧に説明する。その時，「よくなってほしい」という思いから，たとえば〔会話例4-1〕のようにリスクを前面に出して説明する場合もある。

〔会話例4-1〕糖尿病で入院中。甘いおやつが大好き

血糖コントロールがうまくいかず，お菓子を隠れて食べていることが判明した。

看護師：Bさんは，糖尿病で治療中ですよね。（資料を見せながら）糖尿病という病気は……（病気について，また間食をするとどのようなことが起きるか，リスクなどについて説明する）。そうならないように入院中，病院食以外は食べないでくださいね。きちんと治療していきましょう。
患者　：はぁ……そんなに怖い病気なんだね。わかりました……気をつけます……。

この方法が効果的な場合もあるが，患者さんは「気をつけます」と言いながらも，食べたい欲求のほうが勝ってしまう場合もあると思われる。続けて〔会話例4-2〕を見てみよう。

〔会話例4-2〕
看護師：⑰Bさんは，甘いおやつがお好きなんですね。食べたいものが自由に食べられないのはつらいですよね。
患者　：そうなのよ。食べるのだけが楽しみだったのに，あれもダメ，これもダメって言われて。病院食しか食べられないなんてつらくって，つい家族に頼んで持ってきてもらっちゃったの。
看護師：⑱甘いおやつがお好きなんですよね。甘いおやつといってもいろいろあると思いますが，何がお好きなんですか？
患者　：そうね。とくにケーキが大好き！　他にもクッキー，プリン，お団子とかの和菓子もいいわね！
看護師：⑲洋菓子も和菓子もお好きなんですね。どれも美味しいですよね。⑳もしかして，Bさんは，甘いおやつは絶対食べちゃダメって思ってらしゃいますか？

第11章　看護に活かす3つの視点　　189

患者　　：え？　甘いおやつは絶対食べちゃダメなんじゃないの？
看護師：㉑たとえば……ちょっと見ていただけますか（と資料を見せる）。食べる時間や食べ方を工夫することで，おやつを上手に取り入れることができるんですよ。血糖コントロールがよければ，Bさんに合った適量であれば食べることができますよ。（※注意：その人の状態による）
患者　　：絶対に食べちゃダメってことじゃないのね！
看護師：はい。主治医と相談して適量を決めて，ですけどね。㉒入院中はしっかり計算されたお食事なので，それ以外のおやつは我慢していただけますか？　ご自宅に帰ってから自分でお食事をコントロールする際に，甘いものを上手に取り入れていく方法を勉強していきませんか？
患者　　：入院中は仕方ないわね。退院してからの楽しみのために頑張るわ。
看護師：よかった。では，主治医に相談し，管理栄養士さんとお話しできるようにしておきますね。

　まずは，禁止されている理由などを説明したいところをぐっと抑え，⑰のように患者さんの『甘いおやつが大好きなのに自由に食べることができなくてつらい』というフレームにジョイニングしながら，⑱⑲のように患者さんが好きな甘いおやつの話から入り，⑳のように尋ねてみる。最終的に㉑㉒のように正しい理解へとつなげていきたいので，話の入り口を患者さんが大切にしているところに焦点を当てる。この場合は，『甘いおやつが大好きという思いにジョイニング⇒正しい知識と情報を得ることで上手に食べることができるということを知ってもらう⇒病気の理解』という流れである。
　家族に対しても入院中の差し入れをしないよう理解していただきたいため対応を行うが，患者さんのことが大切であると思われるため，まずは，その思いに焦点を当てる。たとえば『家族が患者を心配しているという思いにジョイニング⇒初期の段階で適切な治療を受け，生活習慣を改善することで，合併症を予防することができ，社会生活を送っていくことが可能である。病

気について知っていただき協力していただきたい（病気への理解）』といったことをお伝えしてから，間食の上手な取り入れ方の説明に入るほうが理解していただけるのではないかと思う。

「ジョイニングがうまく行われていると，来談者からの情報収集がスムーズに進んだり，セラピストの与える指示が入りやすい（つまり抵抗にあいにくい）など，来談者との交流が実に楽になる」と東（2010）が述べているように，ジョイニングの考え方を身につけることは，看護師にとっても有益であると考える。

おわりに

筆者が看護師として働いていた頃，初めて出会った患者さんが話しやすいようにと思い，患者さんの雰囲気に合わせて，口調やトーン，話すスピードなど話し方を少し変えていた。その時は，なんとなくそうしたほうが，患者さんが話しやすくされているような気がしたため経験から実施していたことである。日常でも，落ち込んでいる友人と話す時には自分もトーンを落として声をかけたり，元気な友人には合わせたり，ということをしていた。おそらく，多くの人が何気なく行っているであろう対応であったが，システムズアプローチを学んだ時，ジョイニングの中で「雰囲気に合わせる」というポイントが説明されており（ただし，ジョイニングは奥が深いのであるが……），"このことを看護学生時代に知っていたら，もっと早くから実践できたのに"と考えていた。

本章で紹介した内容は，すでに経験を通して身につけた考え方と同じであったかもしれない。だが，看護学生や経験の浅い看護師にとっては，役に立つ視点なのではないかと考えている。筆者自身もまだまだ学びの途中にあるのだが，少しでもお役に立てる内容となっていることを願っている。

[文　献]

Fisch, R., Weakland, J.H., Segal, L. (1982) *The tactics of change: Doing therapy briefly.*

Jossey-Bass.（鈴木浩二，鈴木和子監訳〔1986〕『変化の技法――MRI短期集中療法』金剛出版）

東豊（1993）『セラピスト入門――システムズアプローチへの招待』日本評論社

東豊（2010）『家族療法の秘訣』日本評論社

東豊（2013）『リフレーミングの秘訣――東ゼミで学ぶ家族面接のエッセンス』日本評論社

国立国際医療研究センター糖尿病情報センター（2021）「糖尿病の食事のはなし（実践編）」（https://dmic.ncgm.go.jp/general/about-dm/040/030/02-2.html#01）〔2024年10月9日閲覧〕

森俊夫，黒沢幸子（2002）『森・黒沢のワークショップで学ぶ　解決志向ブリーフセラピー』ほんの森出版

田中究（2021）『心理支援のための臨床コラボレーション入門――システムズアプローチ，ナラティヴ・セラピー，ブリーフセラピーの基礎』遠見書房

第12章

僕は患者さんを楽にできているのか
―児童精神科における実践

Sou Daikou
宋　大光

話の聞き方がわからない

忘れられない患者さんの言葉がある。

「精神科って，結局薬しかすることないんでしょ」

言葉というナイフはよく切れる。よくもここまで僕の心臓を貫いてくれたものである。自分でも薄々気づいていた。当時の僕は薬以外，治療らしい治療の方法を持ち合わせていなかったのである。でも「そうなんです。できることは薬しかないんです」なんて言えなかった。

それからしばらくして他の患者さんからこんなことを言われた。

「前の精神科は，話を聞いてもらえなくて」

いや，僕も話の聞き方なんて知らないんだけど……。でも口には出せなかった。

精神科医になって一番不安だったのは「患者さんの話をどう聞いていいのかわからない」ことであった。当時の僕はこんな診察をしていた。

患者：○○があって，○○もあって……。（問題や症状をしばらく傾聴）
宋　：それはおつらいですね。○○の症状ってありますか？
患者：あります。
宋　：では○○は？
患者：ありません。
宋　：あなたの診断は○○です。○○の状態なので，○○の薬を出します。
　　　あとは○○（アドバイス）をしてみてください。
患者：わかりました。

　どう聞いていいのかわからないので，診断基準に沿って話を聞き，薬の処方や本に書いてあるアドバイスを治療として提供するという「型」を繰り返していた。たしかにこの「型」でうまくいく患者さんはいた。しかしほとんどは通用しなかった。たとえばこんな風になる。

患者：○○があって，○○もあって……。（問題や症状をしばらく傾聴）
宋　：それはおつらいですね。○○の症状ってありますか？
患者：あります。
宋　：では○○は？
患者：ありません。いや先生，そんなことより他にこんなこともあって，
　　　あんなこともあって……。
宋　：そうだったんですね。
患者：それでね，先生……。（しゃべり続ける）
宋　：あ，そうだったんですね。すみません，もう時間が来てしまったので話をまとめさせてください。あなたの診断は○○です。
患者：私，診断なんてどうでもいいんです。そんなことより○○がつらい

　　　　んです。どうしたらいいですか？
宋　：なので，あなたのお話を聞いていると○○という診断なので，○○の薬を出します。
患者：薬は飲みたくないんです。夫が前に心療内科の薬で汗と動悸が止まらなくて。それを見てから薬が怖くなって。
宋　：そしたら○○（アドバイス）をしてみてください。
患者：それはネットで見てやったことあります。それでもダメだからここに来たのに。
宋　：……。

患者さんの話を聞く時，僕にできることは2つだけだった。

・診断基準に沿って症状の話を聞く
・病気や薬の説明をする

　ところが患者さんは症状だけを語るわけではないし，いつも病気や薬のことが知りたいわけではない。患者さんがそれ以外の話を始めるとどうしていいのかわからなくなった。仕方がないので無理やり「型」に戻して一方的に診断，薬，アドバイスを告げるが，患者さんは納得しないし，もちろんよくなるはずもなかった。

「自分の考え」で頭がいっぱいに

　精神科医は人の話を聞くことが仕事だが，漫然と話を聞けばいいのではない。人が楽になるような話の聞き方があるはずだ。そう思って精神療法の本を開いてみた。そこには「受容，共感，保証が基本」と書いてある。でもそれをどのタイミングで，どうやればいいのかがわからなかった。
　次に精神療法のワークショップに参加してみた。そこでも「患者さんの話を聞くのは基本ですね」と言われ，そのやり方については教えてもらえず，

話題はすぐに患者さんの評価と治療の仕方に行ってしまう。僕にはその「基本」がわからなかった。

これは精神療法の大家の外来を実際に見るしかないと考え，5人の精神科医の先生の外来を見学させていただいた。ところが真横で見ても，その先生が何をされているのかわからない。質問してみるが，答えていただいてもわかった気になるだけで，結局のところ理解できなかった。

そんな状態のままこんな症例に出会った。
（以下，症例は個人が特定されないよう改変した。また診療中に宋が考えていたことを〈太字〉内に記載した）
中学3年生の女の子Aの過量服薬を主訴に，Aとそのお母さんが来院した。Aはあどけなさが残るかわいらしい顔をしているが硬い表情，お母さんは焦った様子で診察室に入ってきた。

宋：〈まずは主訴の確認のために〉Aちゃんの過量服薬のことで来ていただいたんでしょうか？
母：そうです。
A：（落ち着かない様子で両手の指をからませている）
宋：どんな薬を飲んでしまうんでしょうか？
母：市販の鎮痛剤とか咳止めです。
宋：1回で何錠くらい？
母：先週は一瓶全部飲んで，吐いてました。
宋：〈え，そんなに？〉Aちゃん，そんなに飲んだの？
A：（うなずく）
宋：何かあったの？
A：（黙り込む）
母：自分の顔がブサイクだって言うんです。
宋：〈かわいらしい顔だと思うが〉それはどこが？
母：鼻が低いし，目が小さいって。私から見たら美人とは言わないけど，

普通にかわいらしい顔だと思うんです。
宋：〈たしかにそうだ〉僕もかわいらしい顔をしてると思うけど，Aちゃん，違うの？
A：（表情がさらに硬くなる）
母：先生が聞いてるんだから，答えなさいよ。
A：整形してくれたら答える。
母：この子ね，整形させろってずっと言ってくるんです。
宋：〈**整形って中3で？**〉Aちゃん，整形したいの？
A：（うなずく）
宋：どこを？
A：目も鼻も顎も……全部。
宋：え，そんなに？
母：（宋を見ながら）おかしいでしょ？
A：こんなブスやのになんで整形したらあかんの？　大人だってしてるやん。
母：これをずっと言われると，この子を産んだ自分までダメな人間な気がしてくるんです。
宋：〈**お母さんならそう思うよな**〉そんな気になりますよね。
母：たぶん，この子，顔だけじゃなくて自分に自信がないんだと思うんです。
宋：（Aに）そうなの？
A：（うなずく）
宋：どこに自信がないの？
A：全部。
母：でも小学校の時はバレエの発表会で入賞したり，塾でもけっこう勉強ができるほうだったんです。
宋：おー，それはすごいですね。もともと能力がある子なんですね。
母：そうなんです。
A：（黙ったままで下を向いている）

母：自信をもてばいいのに。

宋：〈Aを励ましてあげたい〉ほんとや。Aちゃん，運動や勉強もできるんやろ？　顔だって全然ブサイクじゃないよ。もっと自信をもったほうがいいよ。

A：（さらに下を向く）

　翌日に電話があり，「診察から帰ってすぐに風邪薬を1瓶飲んだ」とお母さんは困り果てていた。

　そんな僕に初めて人の話の聞き方を技術として教えてくれたのがシステムズアプローチの師匠であるH先生だった。そこで「自分の考えから離れる」ことを教わった。そこに話の聞き方の答えがあった。

　人が話を聞いてもらって楽になるのは，自分の思いを自由に話せて，それが相手にわかってもらえた時である。しかし人は聞く側に立つと，相手の話すことが正しいとか間違っているといった「自分の考え」が湧いてくる。それで頭がいっぱいになると，相手が楽になる話の聞き方はできない。なぜならその人に自由に話してもらって，それをこちらが理解していると伝える動作ができなくなるからである。相手の話に対する「自分の考え」から離れて，その人の話したいことが何かを見つけ，それについて自由に話してもらえるよう促し，こちらがきちんと理解していることを伝える。それが，人が楽になる話の聞き方である。

　もちろんここでの僕はそれができていない。中学3年生で顔の整形がしたいというAを必死に止めるお母さんは当然だと思い，能力があるのに自信をもてないAが気の毒に見えて励ましたのだ。

　一歩引いてこれを見てみると，僕は「中学3年生で整形したいなんて」「自分の顔を否定し続けるAを見て，自分までダメな人間な気がしてくると思うお母さんの気持ちは当然」「能力があるのに自信をもてないAが気の毒」という「自分の考え」でいっぱいになり，お母さんが普段からAにしているであろう整形を阻止するための説得を僕もしただけである。これは推測

の域を出ないが，お母さんが整形を阻止するとAはお母さんが自分のつらさを理解してくれないと感じて，過量服薬するというシステムが形成されていたと思われる。それを診察で僕がさらに上塗りしたので，結局また過量服薬をしたと見ることができる。治療どころか状況を悪化させていることになる。

ところが，「自分の考えから離れる」のを自分のものにするのは容易ではなかった。システムズアプローチの勉強が少し進んだ頃，こんな症例に出会った。

高校2年生の女の子Bとお母さんがBの過食嘔吐を主訴に来院した。Bは中学生に見えるほど小柄，お母さんは心配そうな表情であった。

宋：〈**まずは主訴の確認のために**〉今日はBちゃんの過食嘔吐のことで来ていただいたんでしょうか？
母：そうなんです。食べた後に自分で指を口に突っ込んで吐くんです。
　　（Bの右手を見ると指の関節には吐きダコが2ヵ所あった）
宋：〈**たしかに指を突っ込んで自分で吐いてるな**〉Bちゃん，それで合ってる？
B：うん。
宋：たくさん食べるのかな？
B：……。
母：普通に夕飯は食べて，その後に菓子パン3つ，スナック菓子2袋，果物や甘いものも食べて，トイレに駆け込むんです。
宋：それはBちゃん，しんどいね。
B：（うなずく）
宋：過食嘔吐はいつから？
B：……。
母：中学3年の時に学校の先生に体型のことを指摘されてからです。
宋：〈**なるほど**〉あー，そんなことがあったんやね。つらかったね。〈**過食嘔吐を維持しているシステムを把握するために**〉どんな時に過食嘔吐

するのかな？

B：お父さんが家にいる時。

宋：え，というと？

母：主人はトラックの運転手で，遠方に行って帰ってくると家でずっとお酒を飲んでて，飲みながらこの子に学校や友だちのことをいろいろ聞くんです。

宋：〈**過食嘔吐のシステムに父が関与してそう**〉ああ，そうなんですね。

母：Bはそれがすごく嫌で。

宋：年頃の女の子ですからね。

母：そうなんです。

宋：〈**母が父子のシステムに関与しているのか知るために**〉その時お母さん，どうされるんですか？

母：横にいる時は止めます。でも私の言うことは一切無視して，Bに絡み続けるんです。

宋：〈**母では父を止められない**〉それはしんどいね。

B：（うなずく）

母：私はお酒を飲まないからそう思うのかもしれませんが，リビング中がお酒の匂いになってしまって，それも嫌で。

B：（強くうなずく）

宋：〈**さらに父子のシステムを知るために**〉お父さんから学校のことを聞かれたらBちゃんはどうするの？

B：……。

母：この子，主人が怖くて答えられないんです。〈**やはり父に対抗できる力はBにはない**〉

宋：それは何かあったんですか？

母：何かあったわけではないんですが，お酒を飲んでる主人が怖いみたいで。

宋：（Bに）そうなの？

B：（うなずく）

母：Bが答えられないでいると，主人は「なんで答えないんだ」ってもっとしつこく聞くんです。そしたらBは菓子パンとか家にある食べ物を持って自分の部屋に行って，食べて，また吐くんです。

宋：なるほど。でもたしかに高校生の女の子からするとお酒を飲んでる男の人って怖いよね。〈過食嘔吐を維持しているシステムは，酒に酔った父がBに絡む⇒Bはしんどくなって過食嘔吐する⇒また酒に酔った父がBに絡む〉

母：過食嘔吐は主人が家にいる時が一番ひどいんですけど，今は主人がいなくてもするんです。

宋：そうなんですね。〈悪循環が加速して悪くなってきている。システムを変化させるために父に変わってもらおう〉そしたらお父さんにもここに来てもらって，Bちゃんの過食嘔吐を治すために協力してもらいましょうか？

母：ほんとですね，先生から言ってもらったら変わるかもしません。

　当時の僕は「問題維持システム」を見つけることに必死だった。それを見つけたら嬉々として，システムを変えるためにそこにいない人まで来てもらおうとしていたのである。
　この症例はお父さんが来院していない。なのでお父さんがBの過食嘔吐をどう考えているのか知ることはできない。もしお父さんを呼ぶことを検討するなら，せめてお父さんがBの過食嘔吐をどう考えているのかを母子に聞くことは最低条件といえる。お父さんの考えによって治療に協力してもらえそうなのかどうかの推測はできるからである。さらにお母さんが実際にお父さんを連れてくることができるかどうかも聞いていない。お父さんが診察に来ることをBが嫌がらないのかどうかなど視界にも入っていない。
　結局のところ「問題維持システム」を変えるんだという「自分の考え」で頭がいっぱいになって，自分がしていることが見えていなかったのである（ちなみに「問題維持システム」も僕が勝手に考え出したものである）。

自分がしていることが見えているか

　自分がしていることが見えているか，これは治療の成否を決める。自分がしていることは患者さんや家族にどんな影響を与え，治療はどこに向かっているのか。それが見えていないと気づいた時にはあらぬ方向に進んでいることになる。プロである以上「見えていませんでした」では済まない。クレームを言ってくれる患者さんはまだいい。多くは黙って去るだけである。

　ある年の11月下旬，中学１年生の女の子Ｃを連れてお母さんが来院した。主訴はＣの不登校である。

母：小学校ではずっと楽しく行けていて皆勤だったのに，中学に入って友だちと何かあったのか，１学期の終わりから学校に行く日の朝になるとトイレから出てこなくなって，２学期からは１度も行かなくなったんです。
宋：〈母に合わせるために〉そうだったんですか，それはお母さん，ショックだったでしょう。
母：ほんとにショックでした。
Ｃ：（表情が暗くなる）
宋：Ｃちゃん，学校で何かあったの？
Ｃ：別に何もないです。
宋：お母さんは，友だちと何かあったんじゃないかってお話しされてたけど。
Ｃ：その問題はもう解決したんです。だからもう大丈夫です。
母：（Ｃに）そう言いながら結局今も行けてないやん。
Ｃ：（黙り込む）
宋：（母に）とくに理由らしいものはなさそうなんですかね？
母：私も担任の先生や本人にだいぶ確認したんですが，とくにないみたいなんです。

宋：〈主に困っているのは母である可能性があるので，母に楽になってもらうために〉そうなんですね。お母さんはCちゃんが学校に行けなくなってからどんな風に支えてこられたんですか？

母：最初は学校に行けってうるさく言ってましたが，それをするとトイレから出てこなくなるのでもうやめました。

宋：それからは？

母：身体が一番大切なので生活リズムだけは壊したくなくて，ご飯をしっかり食べてもらうこと，しっかり寝てもらうことを意識してきました。

宋：なるほど。

母：先生は専門家として不登校のお子さんをたくさん診ておられると思うので教えていただきたいのですが，こうやって理由がはっきりしない不登校ってあるんでしょうか？

宋：〈母はかなり困ってるんだな〉不登校ははっきりとした原因がわからないものが多いんです。

母：（間髪を容れずに）先生は今この子を見て，どんなアドバイスをしますか？

宋：〈すごい質問してくる人だな。でもまだCの考えを聞いてなかったので〉Cちゃんはこれからどうしていきたいとかはある？

C：ないです。

宋：学校は？

C：わかりません。

宋：〈Cの考えはわからないままだが，とにかく母の質問に答えなくてはならないので〉それなら無理はしないほうがいいと思います。

母：（少しイラついた口調で）でも私はこのままだと将来が不安です。親の私にできることを教えてください。

宋：〈「教えてください」とまで言われたのではっきり答えないと〉さっきの話をお聞きしてると，お母さんはしっかりCちゃんを見てくれています。そのまま今の対応を続けてください。

母：（表情が硬くなる）……。先生の今後の治療方針を教えてください。

宋：〈これはもうだめだ〉今のまま本人に無理をさせず，お母さんがサポートしていただくほうがいいと思います。
母：……。

　このお母さんは次回の予約も取らずに帰ってしまった。
　これまで何の問題もなかったわが子が不登校になった親のショックはとても大きい。そこで生まれた大きな葛藤は目の前にいる「専門家」の僕に直接ぶつけられる。質問されるので答えるが，その答えを聞いているのかどうかわからないくらいの間で次の質問がくる。お母さんの葛藤に飲み込まれて自分がしていることが見えていなかったといえる。
　お母さんから矢継ぎ早に質問されるのでそれに答えるのに必死で，硬い表情で「先生の今後の治療方針を教えてください」と言われて初めて自分がしていることに気づいた。僕はお母さんの考えも把握せず，質問されるがままに返答していたのだ。「どうしたらいいですか？」「アドバイス」「治療方針」などの単語は，患者さんの視線が問題に強く固定されている時に出てくる言葉である。何も考えずそれに乗ると，僕のように「相手が質問する⇒こちらが答える⇒相手が質問する」という治療システムが形成されるため，こちらの答えが相手に受け入れられなければゲームオーバーとなる。

　僕らは1つの問題には1つの答えがあるという考え方に慣れきってしまっている。精神科臨床でそれを行うとほとんどはうまくいかない。精神科で扱われる問題は人の思考に端を発するものである。人の思考は千差万別であり，しかも縦横無尽に変化するため，精神科臨床は一問一答で対応できるほど単純ではない。
　問題の解答を求められた時，こちらが答えを言うタイミングは2つだけだと僕は考えている。1つは治療関係ができていてこちらの言葉が相手に入るとわかっている時，あるいは入らなくても大丈夫なくらい治療関係ができている時。もう1つは専門家として倫理的に答えなくてはならない時である（例：診断名の告知，治療に必要な情報提供など）。後者の場合も相手に自分の

言葉が入らなくてもいい。専門家として，相手が嫌がろうが答えないといけない時が必ずあるからだ。

2ステップの精神療法

　先ほどの症例を経験してから，自分がしていることを相手はどう捉えているのかがすごく気になるようになった。僕が話した後の相手の表情，態度，語る内容，言葉づかいを見て，その人の捉え方を汲み取ることに集中した。僕がやっていることで相手の反応がよければそのまま進むかそれを加速させる。相手の反応が悪ければやっていることをすぐにやめて相手が語っていた話題に戻る。すると相手の反応はよくなった。

　それまでは湧き上がってくる自分の考えに引っ張られないようにするだけで精一杯だった。しかし相手の反応を見るようになると相手の考えが見えてきて，自然と「自分の考えから離れる」ことができ，自分がしていることも見えるようになった。その段階になってようやく黒沢幸子先生に教えていただいた解決志向ブリーフセラピー（Solution-Focused Brief Therapy: SFBT）の技法を活かせるようになった。

　すると次は自分の環境に合った精神療法の「型」がほしいと思うようになった。僕は開業の児童精神科医である。初診は30分，再診は5〜10分で，ほとんどが複数面接である。短い時間で複数の人に対して結果を出さなくてはならない。無駄を削ぎ落した精神療法ができないか。どこを見て，何をするかだけに絞ったシンプルな精神療法。そう考えるうち，「2つの視点」に基づいて，「2ステップ」で精神療法を行うようになった。

〈2つの視点〉
①その人の視線の向き：意識として見ている向き（ネガティブ，ポジティブ，どちらでもない）
②その人の考え：話題にしているその対象をどう考えているのか
※ネガティブとは悩み，弱み，過去のつらい経験などその人にとってのネ

図12-1　2つの視点から見た来院者の変化のプロセス

ガティブなものすべて。ポジティブとは解決や未来のイメージ，強み，成功体験などその人にとってポジティブなものすべて。

〈2ステップ〉

ステップ1　各来院者の視線の向きと考えに合わせてジョイニングする

まず各来院者の視線の向きと考えを把握し，その考えに至った経緯を尋ねて，それをコンプリメント（称賛，ねぎらい）やノーマライズ（それは普通の生活でも起こり得ると肯定する）で肯定する。把握した来院者の考えをもとに，その人は現状からの変化を望んでいるのか，現状のままを望んでいるのかを見極め，前者であればステップ2へ進み，後者であれば現状の肯定にとどめる。

ステップ2　各来院者の視線をポジティブに向ける

人は同じ対象について語っているにもかかわらず視線がネガティブ（N）に向いたり，ポジティブ（P）に向いたりするものである。各来院者みずからの語りやSFBTの技法を用いることで，視線がPに向けばさらにPに向け，Nに戻れば必ずそれに合わせる。最終的には視線をPに向けていく。

このようにステップ1と2を往復しながら来院者の考えの変化を目指す。

視線をNからPに向けることを繰り返すうちに来院者に希望が湧き，その人の考えが変化して治療効果が生まれる（図12-1）。

ここからは実際に2ステップの精神療法を使った症例を紹介したい。

進学校に通う高校1年生の女の子Dの不登校とリストカットを主訴に，D，お母さん，おばあちゃん（母方祖母）の3人が来院した。お父さんは一流大

学を出て会社を経営している。

　Dは少しイラついた様子でメジャーリーグのチームの帽子を深くかぶり，お母さんとおばあちゃんは焦った様子で診察室に入ってきた。お母さんは挨拶が済むとすぐにしゃべりだした。

母　　：先生，この子，せっかく高校に入ったのに1ヵ月くらいで行かなくなって，もう3ヵ月も経つんです。
宋　　：〈母の視線はNに向いており，その考えは「Dの不登校は問題」〉あ，そんな状態なんですね。
母　　：そうなんです。どうしたらいいのかわからなくて。
D　　：（帽子のツバで顔を隠してじっとしている）
宋　　：〈Dの視線の向きと考えはまだわからないが，まずは母の考えに合わせる〉3ヵ月も学校に行ってないとはご心配ですよね。
母　　：そうなんです。
宋　　：〈焦っている様子からして祖母の視線もNに向いており，その考えも「Dの不登校は問題」だろうが，それらを確認するために〉おばあちゃんもDちゃんのこと，ご心配ですよね？
祖母　：そりゃそうですよ。最初に行かないって言った時は私が車で送っていたんです。
宋　　：〈やはり祖母の視線もNに向いており，その考えも「Dの不登校は問題」〉え，おばあちゃんが？
祖母　：娘が仕事をしてるものですから。
宋　　：〈まずは一番焦っている可能性の高い母にジョイニングするために〉あ，お母さんも仕事をしておられる？
母　　：そうなんです。
宋　　：どんなお仕事をされているんですか？
母　　：主人の会社の経理を手伝っています。
宋　　：〈さらに母にジョイニングするために〉あ，そうなんですね。お母さん，Dちゃんのこともあるのに，仕事もしないといけな

	いなんて大変ですね。
母	：まあ，そうですね（笑）。
宋	：〈**次に祖母にジョイニングするために**〉でもおばあちゃんもご自身の生活がおありでしょう？
祖母	：そうなんです。主人の食事の支度もしないといけないけど，でも仕方ないです。
宋	：〈**さらに祖母にジョイニングするために**〉お母さん，おばあちゃんが助けてくれるなんて，ありがたいですね。
母	：そうですね。でも今は母が送るって言ってくれるのに学校に行かないんです。朝にどれだけ起こしても起きてこないし。しまいには，このまえ腕を見たらカッターで自分で切ってたんです。（母，泣き出す）
宋	：〈**母の視線はNに向いたまま**〉え？
祖母	：私ら，もうどうしたらいいのかわかりません。
宋	：〈**母が話題をDに戻してくれたので，この流れに乗ってDにジョイニングしていく**〉Dちゃん，自分で切ったのかな？
D	：（うなずく）
宋	：〈**Dの視線の向きと考えを知るために**〉何かしんどいことがあったのかな？
D	：（母に急に声を荒げて）あんたが京大に行けってうるさいからや！〈**Dの視線はNに向いており，その考えは「母が問題」。Dは母に反論できる関係にある**〉
母	：そらあんたのためやんか！
D	：私のためってそれ自分のためやろ？　小学校の時はその言葉に騙されてきたけど，まだそれが通用すると思ってるん？
母，祖母	：（黙り込む）〈**D vs　母・祖母で互いに問題視し合って，最終的にはDが母と祖母に勝つシステム**〉
宋	：〈**まだDにはしっかりジョイニングできていないため**〉これまで勉強を頑張るように言われてきたのかな？

D ： はい。
宋 ： それはDちゃんにとってつらいことだったのかな？
D ： 中学までさんざん勉強してきてやっと受験が終わったのに，また勉強しろって言われるし，学校でもまだ1年やのに志望校を決めろって言われるし。
宋 ： 〈ここでDにしっかり合わせる〉それはしんどいよな。
D ： （うなずく）
宋 ： 〈Dにばかり合わせると母や祖母と離れてしまうので二人にも合わせておく〉お母さんもおばあちゃんも，これまでDちゃんのことを一生懸命サポートしてこられたら，頑張ってほしいって思ってしまいますよね。
母 ： この子は私のためやろって言うけど，親として子どもに幸せになってほしいって思うの当たり前でしょ？
宋 ： 〈ここでも母に合わせておく〉それはそうですよ。
D ： 私の幸せは京大に行くことなん？〈宋が母に合わせたのでDの反論が始まる〉
母 ： ……。
祖母 ： この子の父親が京大を出たもので。
宋 ： 〈祖母が母の考えを解説してくれるので，母に再度合わせながらDにも合わせる〉なるほど，親としては同じ道を行ってほしいって思いますよね。でもDちゃんはこれまで十分やってきたから，ちょっとしんどいよね。
D ： ちょっとじゃないです。はっきり言うて勉強は嫌いです。
母，祖母 ： （黙り込む）〈さっきと同様にDが母と祖母に勝つシステムが出てきた〉
宋 ： そうかあ，そこまで思ってるわけやね。〈このままでは同じシステムを繰り返すだけなので，母の視線をPに向けてみる〉お母さん，さっきDちゃんの幸せとおっしゃっていましたが，たしかにいい大学に行くことは幸せにつながる可能性があります

	が，他にもお母さんが思うＤちゃんの幸せってありますか？
母	：（しばらく考え込んで）そりゃ健康に生きていってほしいですね。
宋	：〈**母の視線はＰに向いてきた**〉そらそうですよね。おばあちゃんは？
祖母	：もちろん私もＤの健康が一番です。
宋	：〈**祖母の視線もＰに向いてきた**〉そらそうですよね。健康じゃないと大学も何もなくなりますもんね。〈**さらに二人の視線をＰに向けてみる**〉お二人から見てＤちゃんが健やかに過ごせてる時ってどんな時ですか？
母	：うーん，ギターを弾いてる時ですね。
宋	：え，Ｄちゃん，ギターが弾けるの？
Ｄ	：（うなずく）
母	：私が昔バンドをしていて，Ｄにも中学からギターをさせてるんです。
宋	：親子でギターが弾けるなんて素敵ですね。
母	：（少し表情が緩む）
宋	：どんな曲を弾くの？
Ｄ	：普通にＪポップとか。
宋	：へー，かっこいいね。もしかしてバンドとかしてるの？
Ｄ	：今の高校にはそういう部活がなくて。
宋	：それはつらいね。
Ｄ	：（少し笑いながら）はい。
宋	：〈**母の視線をさらにＰに向けてみる**〉お母さん，Ｄちゃんのために勉強のサポート以外にもしてくださってることがあるんですね。
母	：（笑顔）
宋	：〈**祖母の視線もＰに向けてみる**〉おばあちゃんは送り迎え以外にＤちゃんのためにしてくださってることはありますか？
祖母	：娘の帰りがどうしても遅くなるので，夕飯は私が作りに行って

るんです。
宋　　　：え，おばあちゃん，近所にお住まいなんですか？
祖母　　：いえ，車で50分はかかります。
宋　　　：え，それを毎日？
祖母　　：私も主人がいるので毎日までは無理ですが，できるだけ行くようにしてます。
宋　　　：それ，すごいですね。
祖母　　：（笑顔）
宋　　　：そしたらＤちゃんのために今後もお話を聞かせていただけますか？
母，祖母：はい，お願いします。
宋　　　：Ｄちゃんもいい？
Ｄ　　　：（うなずく）

　２回目以降の診察でも同じことを繰り返した。前回の診察からの様子を尋ねて，３人の視線がNに向いていればまずはそれぞれを肯定した。そのうえで，前回の診察後からお母さんとおばあちゃんがＤのためにしてくれたことでＤにとってもよかったことを尋ね，それを肯定することで３人の視線をPに向けた。お母さんとおばあちゃんは自分たちがやっていることの中にもＤが喜んでいることがあると感じるようになり，その考えは「一流大学に行かせたい」から「Ｄが喜ぶことをさせたい」と変化した。Ｄも二人が自分のためにしてくれていることを感じ，二人への考えは「嫌な勉強をさせようとする人」から「自分を助けてくれる人」と変化した。
　その後，母はＤがしたいと言ったライブハウスのアルバイトをさせ，二人で旅行に行くようになるなど母子の関係は改善し，祖母がサポートする必要もなくなった。

対話で人を楽にしたい

　今の僕はすべての臨床を2ステップの精神療法で行っている。
　臨床のやり方は自由である。自分にとってリーズナブルなやり方をすればいい。ただ，そのやり方で本当に目の前の患者さんが楽になっているのかが重要である。その視点をもたず同じやり方をただ繰り返しているのならそれはもうプロではない。臨床がうまくなるために必要なのは「自分は未完成である」という意識だと思う。このあたりでいいだろうと思えば，それ以上うまくなることはない。
　今は児童精神科を志望する学生や研修医が多いと聞く。児童精神科は精神科医としての臨床力を高めるには最高の環境だと思う。大人ほど薬が使えない，診察時間は限られているのにほとんどが複数面接，心理検査以外これといった検査はない。使える道具が多いとそれに頼ってしまうのが人である。道具がないからこそ技術は伸びる。精神療法の最大の道具は自分である。

　この人と話をしているとなぜか楽になる。そんな人に僕はなりたい。

第13章

システムズアプローチで変わる小児科診療

Murai Takemi
村井健美

はじめに

　私は医師として約18年間，小児の感染症領域を専門に診療してきた。これまで主に身体の問題を扱ってきたが，精神や心の問題については深く関わることが少なかった。そんな私に編者からシステムズアプローチに関する執筆依頼が届いたときは，正直驚いた。おそらく，システムズアプローチの柔軟性や応用範囲の広さ，そしてその柔軟性ゆえに学びにくい点について，私の経験をもとに書いてほしいという意図があったのだろうと思う。

　システムズアプローチを学び始めてから，私の臨床は大きく変わった。以前よりも納得のいく診療を提供できていると実感する機会が増えた。一方で，学ぶことの難しさや，医療という文脈にいかにシステムズアプローチを落とし込むかという新しい課題も感じている。システムズアプローチのアカデミックな側面を私が書くことはできないが，私がシステムズアプローチを学ぶ過程で感じたことや経験したことならお伝えできるし，それが誰かのお役に立てばと思い，この執筆をお引き受けした。

　この書籍は，心理職や非医療職の方々が読まれることを想定していると伺

っている。まず，医師がどのように物事を見ているのか，どのようなフレームをもっているのかについて触れ，その後，システムズアプローチを学んでから私の臨床がどのように変わったかをお話ししたい。システムズアプローチが不登校事例などの心理的な事例に有用であることは自明であろう。そこで私は，ありふれた身体疾患における私なりのシステムズアプローチ的診療について述べたいと考えている。

石頭な医師の頭を開陳

　医師が診察をする際，とくにまだ診断のついていない患者さんの場合，最初に注目するのは「どういった病気だろうか？」「診断は何だろうか？」という点である。医師は自問自答を繰り返しながら診療を進めていく。その答えの根源となるのは科学的なものの見方と，経験や洞察である。臨床現場でよく使われる科学的なものの見方としては，病態生理学とエビデンスがあげられる。一方でこれだけ科学が進歩し，エビデンスが重視される現代においても，病態生理学やエビデンスは完璧ではなく，経験知や洞察も必要とされる。

　医師は，学生から医大生，そして医師へと専門家になる過程の初期から病態生理学やエビデンスといった科学的なものの見方を学び，それらが強固なフレームとして確立されていく。臨床現場で育まれる経験知や洞察力も，このフレームに収まるように形成されていく。他にもここでは触れないが，医師のフレームを形成するものとして倫理観，プロフェッショナリズム，知的探求心などもある。また，医師は自分の置かれている医療システムからの影響も受けながらフレームを形成し，そのフレームにより自分の行動を制限されている。

　病態生理学とエビデンスについて馴染みの薄い方もいらっしゃるかもしれないので，これから少し説明をしたい。

医師のフレームその1：病態生理学

　病態生理学とは「症状などから人体のどこにどんな異常があるのかを理解し，解明していく学問」である。「鉄不足ではないか？」といった原子レベルの異常から，「○○遺伝子の異常」といった遺伝子レベル，さらには臓器や器官といったさまざまな階層での異常に着目する。たとえば，1型糖尿病は，血糖を下げる働きのあるインスリンの分泌が不足するために発生する。インスリンは膵臓で作られるが，膵臓が何らかの原因で障害されると，インスリンが分泌されなくなり，結果として血糖が上昇してしまう。この過程は以下のように表せる。

　　膵臓の障害⇒インスリンの分泌が低下⇒血糖の上昇

　まさに，「直線的因果律」での考え方である。直線的に病態を捉えることで，医師は治療方針を立てやすくなる。インスリンの分泌不足が原因であれば，外部から補えばよいと考え，実際にインスリンの自己注射が治療として行われる。病態生理学によって，医師は複雑な人体を簡略化し理解を深めることができる。一方で，簡潔なモデルや過度に一般化されたモデルに頼りすぎると，そのモデルに合わない情報を無視したり，患者さんの個別性を軽視したりする可能性がある。

医師のフレームその2：エビデンス

　エビデンスは病態生理学に比べると日本で広く浸透している言葉である。エビデンスは「科学的根拠」と訳され，医療分野以外でも使われるが，ここでは医療分野に限定して説明する。医療におけるエビデンスとは，医学的判断や決定を行うために必要な科学的情報やデータを指す。これらの情報やデータとは，主にヒトを対象とした疫学研究や専門家が作成したガイドラインのことである。医療者はエビデンスをもとに医学的決定を下すが，エビデンスの捉え方には間違いも多いと感じる。とくに「エビデンスがあるからこの医療は正しい」「エビデンスがあるからこの検査や治療をすべきだ」といっ

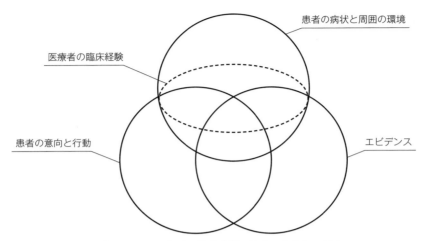

図13-1　EBMにおける診療方針の決定にかかわる要素

た絶対的な，神の啓示のような捉え方が非医療者だけでなく医療者の間でも見受けられる。実はエビデンスとは判断根拠の一つにすぎない。エビデンスのもととなるデータは，目の前の患者さんが参加していない臨床研究に基づいている。そのため，そのエビデンスをそのまま個々の患者さんに適用することには限界があり，曖昧さや不確実性が残る。エビデンスを神の啓示のごとく絶対視するのは危険である。一方で，エビデンスが他者のデータに基づいているからといって，それを無視するのも誤りである。重要なのは，エビデンスをどのように目の前の患者さんに適切に適用するかを常に考え続けながら医療を実践することである。これがまさにEBM（Evidence-Based Medicine：エビデンスに基づく医療）の本質である。EBMは現在入手できる最良のエビデンスを踏まえて，目の前の患者さんにとっての最適な医療を提供することを意味する。エビデンスとEBMは似ているが異なるものである。

　図13-1はEBMにおける診療方針を決定するための各要素を端的に表したものである。図13-1を見てもわかるように，エビデンスはEBMを構成する要素の一つにすぎない。図13-1にある4要素を統合して臨床判断をくだすことが重要である。我々医師に求められているのは，エビデンスがあるからといって何でもかんでも患者さんに適用することではない。エビデンスの不明

瞭で曖昧な部分をどのように解釈するか，目の前の患者さんにとって最適な医療とは何かを検討し，悩みながら診療していくことである．それがすなわち，EBMの実践である．しかしまだまだ多くの医師は，エビデンスに従っていればよいという神話の中に生きているように感じている．

医師のフレームから外れる患者さん＝困った患者さん

　1型糖尿病の患者さんに対して，医師が「インスリンでの治療をしましょう」と勧めたのに，患者さんに「インスリンを使うのは嫌です」と言われてしまうと医師は戸惑い，時には怒りを覚える．そういった医師は「病気のことが何もわかっていない無知な患者さん」「リスクとベネフィットを正しく比較できない患者さん」などと，目の前の患者さんを"困った患者さん"と意味づけ，インスリン治療の必要性について病態生理学やエビデンスに基づいて，とうとうと説明する．それでも，患者さんがインスリン治療に同意をしない場合，「患者の意向」「患者の自己責任」や「患者の自己決定権の尊重」といった美名を盾に医師は患者さんに接していく．現代医療の発展において，病態生理学やエビデンスの果たした役割は非常に大きく，それゆえにこれらは医師にとって重要なフレームとなっている．医師はこのフレームから外れた考えを嫌い，厄介なものとして無意識に判断してしまう．医師の頭は石頭である．

石頭からの脱却を目指して

　患者さんや家族は病態生理学やエビデンスについての知識が乏しく，医師のフレームを十分には理解していないかもしれない．しかし，それと同じくらいか，もしくはそれ以上に，医師は患者さんがもっているフレームを理解していない．インスリン治療を嫌がる患者さんの置かれている文脈やフレームを医師はどれくらい把握しようとしているだろうか．患者さんのもつフレームは，ほぼ確実に医師のもつフレームとは異なる．患者さんが「インスリンを使うのは嫌です」と訴えた時，医師がまず行うべきは，病態生理学やエビデンスに基づいてインスリンの必要性を説明することではなく，その発言

に至った文脈や患者さんのフレームを理解することである。そのためには，まず医師は自分のフレームをわきに置き，患者さんのフレームに合わせ理解しようと意識をすることが大切である。患者さんに自分のことを語ってもらい，その語りに医師がついていく姿勢，つまり「ジョイニング」が必要である。患者さんが，医師にとっては一見突飛に思えるフレームであっても，医療者に安心感をもってみずからのフレームを示せるような治療システムを構築することが大切である。その場が形成でき，十分に機能した後にやっと，医師は病態生理学やエビデンスについての説明を患者さんに行えるのである。

事　例

以下の事例は，とある医師の経験した事例をもとに逐語録風に作成した。個人情報保護の観点から本章の主旨を維持する範囲で大幅な修正を加えている。

時は5月，地域の基幹病院の夜間救急外来である。この外来は急性の病気やケガに対応する目的で設置されており，事前に電話連絡をすれば紹介状なしで受診ができる。そのため，いつ患者さんが受診をするのかはわからない。また，診療は医師一人で担当しており，要領よく素早く診療することが求められている。

20代後半の父親（Fa），同じく20代後半の母親（Mo），そして3歳の男の子が救急外来を訪れた。問診票には女性の字で「息子の発熱と咳が続くため，受診しました」と記載されていた。男の子は初診であった。この時間帯，ご家族以外の患者さんはおらず，比較的余裕があった。医師（Dr）が診察室のドアを開け，患者さんを呼び入れた。母親が入室し，父親が子どもと荷物を抱えながら続いて入ってきた。母親が医師の前に座り，右隣に父親が子どもを抱っこして座った。子どもはミニカーを抱えている。座ってから子どもは咳込み，母親が子どものほうに顔を向けたが咳はすぐにおさまった。医師は母親の視線がこちらに向くのを確認した。

医師は問診票が女性の字で記載されていたため，母親が記載したのだろうと考え，また母親が自分の前に座ったとことからも，母親が受診について一番積極的であろうと思っていた。そして診察は母親を中心に展開するだろうと予想しながら，診察を始めた。

Dr：こんばんは。小児科医のMです。よろしくお願いします。

　医師は誰を見るでもなく挨拶をし，父親と母親が同時におじぎをした。

Dr：さっそくなんですが，発熱と咳ということで，いつからどんな感じだったのか，もう少しくわしくお聞きしたいのですが。
Mo：ちょっと前から咳は出ていたんですが，食事もとれていて元気だったので様子を見ていました。今日になって午前中37.7度くらいあって，近くの病院を受診したら風邪でしょうと言われ，熱さましの座薬と風邪薬をもらって。夕方になって熱がさらに上がってきたから座薬を使ったんです。使ってもあまり下がらなくて，37度台後半くらいが続いて。夜になって体を触ったら熱くて。熱を測ったら，39度に上がっていたので連絡をさせてもらいました。

　医師は母親が話し始めたので「問題を語る人」は母親でよさそうだと考えている。

Dr：そうなんですね。咳がちょっと前からということですが，どれくらい前から？
Mo：保育園に通い始めてすぐに鼻水が出るようになって。4, 5日前から咳をし出して，最初は結構ひどかったんですけど。最近は落ち着いてきて。
Dr：落ち着いてきたんですね。登園は今年の4月からで？

母親がうなずく。

Dr：咳が出る時はどうされていたんですか？
Mo：うーん。背中をさすったり，お水を飲ませようとしたりしていたんですが，あんまり飲まなくて。
Dr：さすったりしたら，お子さんはどんな感じでしたか？
Mo：よくわからないですね。あんまり変わらない気もします。咳込んでいる時にどうしたらいいのかわからなくて。
Dr：うん。今日になって熱が出て近所の病院を受診されて。えー，その時はお母さんとお子さんで受診をされて。
Mo：ええ。近所で。パパがいなくても行けるので。
Dr：なるほど。そこの病院ではなんて言われたのですか？
Mo：いや，風邪だろうって。風邪薬をもらって，念のために座薬も出しときますって。お薬手帳が，パパ，鞄にお薬手帳が入っているから。

父親が子どもを抱えながら鞄からお薬手帳と母子手帳が入っている布製のケースを取り出し，母親が受け取る。母親はケースからお薬手帳を取り出し，中身を確認している。

Mo：えーっと……。
Dr：よろしければ見せてもらっていいですか？

母親からお薬手帳を受け取り，内服薬と解熱剤について確認し，電子カルテに転記した。その後，母親にお薬手帳を返却した。母親はケースを鞄にしまおうとするので，医師は一緒に入っている母子手帳もお借りし，出生歴や予防接種歴を確認し，母親に返却した。

Dr：風邪って言われてどう思いました？
Mo：うーん。そうなのかなって。ただ，今は38.7度にもなっちゃったし。

Dr：そうですね。39度になって心配で受診されたんですね。
Mo：風邪でこんなに熱が出るのかなって思って。それに今までこんなに熱を出したことがなくて。保育園に行くようになって，聞いてはいたんですけど，ずーっと体調が悪くて。体が弱いのかなって。
Dr：体調が悪いとはどのような感じで？
Mo：鼻水が出たり，咳込んだり。鼻水はずーっとですね。

　医師は母親が37度台の微熱で近医を受診し，体が弱いのかしらと心配していることから，母親の不安は強いと感じていた。母親の表情がなんとなく浮かない感じにも思えた。父親はどんな感じなんだろうと気になり始めた。

Dr：お父さんにもお話を聞いていいですかね。
Mo：はい。
Dr：いやー，子どものこととなると，お母さん任せの方が多くて，なかなかお父さんも一緒に来られる方はいらっしゃらなくて，ありがたいです。
Fa：まぁ，妻が運転できないんで。
Dr：あー，なるほど。それで，お父さんから見てお子さんはどんな感じでしたか？
Fa：同じですね。帰ってきたら妻から風邪を引いたって聞いて。私が見た時は寝ていたので，そのままにしていたんですよね。しばらくして妻が熱を測ったら熱があって。それで病院に行こうということになって。
Dr：熱があった時，お子さんは寝ていたんですか。
Fa：そうですね。

　医師は，母親が寝ている子どもにわざわざ体温を計ったのかなと考え，母親の不安はやはり強そうだと感じた。

Dr：気になる点があって体温を測ったんですか。
Mo：ちょくちょく測ったりしてたんです。9時頃体が熱くなっていて，測ったら……。
Dr：そうなんですね。随分丁寧にみられていて。
Mo：いえ，そんな。熱を測っている時にパパが来て。
Dr：病院に行こうというのはどちらから？　お母さんからで？
Fa：そうです。高熱でどうしようってなって。
Dr：お父さんと話されて。
Fa：妻が心配してたので。
Dr：そうなんですね。

　医師は，父親と母親で心配の度合いが随分違うと感じたが，救急外来では時間が限られているため，どこまで深く切り込むべきか迷っていた。
　医師は既往歴，基礎疾患やアレルギー歴などの医学的な確認事項へと話を変えた。その間もできるだけ母親の自宅での子どもへの関わりについてねぎらうように努めた。医師の診断は上気道炎（いわゆる風邪）に代表されるウイルス感染症であった。ウイルスの感染症には抗菌薬（抗生物質）は効かず，自然に治るのを待つのが基本的な対応策となる。医師の見立てとして，検査は不要であり，患者さんは自宅療養で対処できる状態と判断した。今後悪化する可能性はあるが，それを防ぐ方法はなく，症状が悪化した場合には医療機関を受診する必要があった。この医学的なフレームに母親が乗ってくれて，自宅で子どもの看病ができればいいが，どうだろうかと考えていた。

Dr：お話や診察をした結果からは，幸い大きな病気ということはないと思います。現時点では上気道炎に代表されるウイルス感染症だと思われます。

　医師の説明に両親はしっかりと耳を傾けていた。子どもは診察で嫌な思いをし，泣き疲れたのか今は眠っている。医師は今後の経過の見通し，自宅療

養のポイントや次回医療機関を受診するタイミングなどについて，できるだけ丁寧に説明をした．父親はうなずきながら聞いていたが，母親の反応が乏しいことが医師には気になっていた．

 Dr：今お話しした点に気をつけて，ご自宅で様子を見ていただけたらと思います．
 Mo：あのー，血液検査とかは必要ないでしょうか．

医師はやはりと思った．エビデンスや病態生理学といった医療のフレームに基づいた説明だけでは，母親の心配は十分に解消されなかったと考えた．

 Dr：そうですね．お母さん的にはやっぱり何か気になる点があるんでしょうか．
 Mo：検査をしたら安心かなと思いまして．

医師はどうするべきか迷いながらも，まだ他の患者さんは来院していないようだったので，もう少し時間があると判断し話を掘り下げることにした．

 Dr：検査は必要ならやります．ただ，検査といってもいろいろありまして，どのような点をお母さんは心配していて，どんな点をはっきりさせたいのかなと思いまして．
 Mo：大丈夫かなというのと．
 Dr：はい．
 Mo：はい．あの……．
 Dr：はい．
 Mo：甥っ子が，近くの病院で風邪って言われて，帰ったら急にけいれんして救急車で運ばれて．集中治療を受けたことがあるんです．それでこの子も……．
 Dr：そうなんですね．

医師は母親の心配がこの経験に基づいていることがわかり，さらに話を聞くことにした。

Mo：ええ，心配しすぎなんでしょうけど。
Dr：いえいえ，そんなことは。もしよろしければ，もう少しお話を聞かせていただいて。その時の甥っ子さんとお子さんが重なる感じなんですね。
Mo：この子が生まれる前のことで。姉や甥っ子とはよく一緒にいたので。集中治療室の時の姿がかわいそうで。
Dr：そうだったんですね。お父さんもそのことはご存じで。
Fa：えー，少しは。
Dr：なるほど。甥っ子さんは今どうしていらっしゃるのですか？
Mo：今でも通院していて，けいれんのお薬をもらっているようです。
Dr：今でも。何年前ですか，そのことが起こったのは。
Mo：5年前です。
Dr：5年前でもまだ通院されていて。本当に大変な状況だったんでしょう。
Mo：ええ。
Dr：現在，通院以外ではどのような感じなんですか，けいれんとか。
Mo：元気そうに見えます。けいれんはしてないようで。脳波に異常があるって。
Dr：なるほど。
Mo：うちの子は大丈夫かなって。
Dr：そうなんですね。お姉さまは今はどんな感じで？
Mo：その当時は随分落ち込んでいて。その時の姉の様子を思い出すと。今は，もう大丈夫なんですが。
Dr：そうなんですね。甥っ子さんのこともあって検査を。
Mo：ええ。

Dr：そういったことが起こる可能性はゼロではありませんが，正直言いますとそれほど高い確率ではないです。ただ，確率うんぬんに関係なくそういった経験をされるとご心配になるのはわかります。

Mo：やっぱり，高くはないんでしょうね。

Dr：うーん。必要な時に検査をするのはいいのですが，検査に限らず医療行為はお子さんに多かれ少なかれ負担をかけます。採血なら針を刺して血を抜くし，レントゲンなら被ばくしますし。今，検査をしてもお母さんの期待に十分にはお応えできないと思います。検査でわかるのは今のお子さんの状態でして。今後のお子さんがけいれんするかどうかを予測することはできません。今のお子さんの状態を見ますと，検査で異常が出る可能性は低いと考えます。

Mo：そうですか。

母親は息子のほうに視線を向けた。

Dr：お父さんはどうです？

Fa：あまり痛い思いをさせるのは……。

Dr：確認ですが，水分はとれていたんですよね。

Mo：はい。

Dr：寝ている状態を見てみてどうですか？　すごく悪そうです？

Mo：そういったわけでは。

Dr：うーん。お母さんとしては，今は大丈夫だけども，今後悪くなるのが心配ということですよね。

Mo：はい。

医師は検査をしても子どもには利益がないことを母親はある程度は納得していると感じた。ここで，検査以外の提案をしてみることにした。

Dr：今後のことは，採血をしてもどんな検査をしてもわからないので，

けいれんなど何かあった時にすぐ対応できるように，入院して細かくお子さんの様子を見ていくくらいしか，お母さんの心配を和らげる方法はないかと思います。ただ，入院をしても特別な治療法があるわけではないので。モニターを付けたり，看護師さんが見にきたりするくらいです。

Fa：入院までは……。
Dr：医学的には絶対入院しないといけないという状況ではないので，後はおうちでみられるかどうかということだと思います。ご家族の不安が強いまま自宅で看病をするのもなかなかしんどいとは思います。あの，入院になった場合，付き添いはお願いすることになります。

母親は考えている様子。しばらく沈黙。

Dr：もし，お二人でご相談したいのでしたら，あちら（待合室）で相談していただいてもよろしいですが。
Mo：今日は帰ります。
Dr：大丈夫ですか？
Mo：ええ。入院するよりは，この子もうちがいいかなって。
Dr：はい。何かあったらいつでも大丈夫なのでご連絡ください。ご無理はなさらず。
Mo：はい。いろいろ聞いてくださってありがとうございます。
Dr：お父さんもそれで大丈夫ですか？

父親はうなずいた。

事例の解説

　この事例の医師がシステムズアプローチを学ぶ前であれば，甥っ子さんの話にまで踏み込むことはなかった。検査の必要性や意義，経済的な合理性な

どについて，科学的かつ医学的に正しい説明を家族に延々と続けていたかもしれない。その結果，家族が納得してくれれば問題ないが，納得が得られず対立した可能性もあっただろう。あるいは，医師は「ものわかりの悪い家族の意向に沿って検査をするしかない」と家族のせいにして検査をし，診療を終わらせたかもしれない。この事例の患者さんは風邪なので，自然に治る。どのような診療をしても結果は大して変わらないかもしれない。それなら「タイパ」や「コスパ」がよい診療が一番だと考える人もいるだろう。しかし，そのような診療に不満を抱いたこの医師は，システムズアプローチを学ぶことにし，診療姿勢が変わった。まだまだ石頭に少しひびが入った程度ではあるが，以前よりはましな医療が提供できていると思う。

　この医師は母親の心配が強いと初期に見立てていたが，救急外来という時間が限られている状況で，どこまで対応すべきか葛藤していた。できれば，医師はお子さんにとっては医学的に最も妥当と考える提案で母親の心配が扱えればと考えていたが，そうはいかず，母親から「あのー，血液検査とかは必要ないでしょうか」という反撃をもらってしまった。医師はこの時点で，母親の心配のフレームにもっと自分が合わせなければいけないと決意した。医師は母親がもつ，子どもが今後悪化することへの心配を把握したうえで，医学的には検査によってその心配が解消されないことを説明した。さらに，最後は入院という新たな選択肢を提示した。患者さんの状態だけを考えれば，入院することの医学的妥当性について疑問をもつ医療者もいるだろう。もう少しましな選択肢を提示できなかったのはこの医師が未熟なためである。医師はこの時点でなんとなく，母親は入院を選ばないと予感していたが，仮に入院になったとしても医学的には無駄な検査をするよりもましだと考え，腹をくくっていた。

　この日は幸いにも他の患者さんがおらず，ある程度の対応はできたが，もし待合室に他の患者さんが何十人も待っている状況であったら，どうなったであろうか。医師のフレームを母親に押しつけるか，あまり意味のない検査をするほかなかったかもしれない。

　診察に十分な時間が取れないのは日本の医療の特徴ともいえる。私がまだ

小児科医になりたての頃は，今ほど少子化が進んではおらず，予防接種もまだまだ少なく，いわゆる"コンビニ受診"のたぐいも多かったため，救急外来は病気の子どもで溢れかえっていた。その時に比べると小児患者は減少しており，小児科存続の危機ともいえるが，一方で，一人ひとりの患者さんにじっくり向き合う時間が取れるという意味では望ましい変化ともいえる。医師は新たに得たこの時間を何に使うのがよいのだろうか。病態生理学に基づいた「正しい」説明や，最新のエビデンスについての詳細な説明に時間を割くよりも，患者さんのフレームを把握し，より良い治療システム構築のために時間を費やすほうがどれほど有意義であろうか。

　この事例のセリフだけを読んでも，この医師がシステムズアプローチを用いようと挑戦しているようには見えないかもしれない。「家族に寄り添う優しい先生」という印象かもしれないし，「患者に迎合している先生」と捉えるかもしれない。この医師にそういった一面があるのは事実かもしれないが，医師の属人的な性質によって，自然に行った医療行為ではない。この医師は家族のもつフレームの理解やよりよい治療システムの構築を明確に目指しており，その目標のために必死に努力していたのである。ただ，まだ十分にはできていないだけである。この事例のとくに後半では医師が患者さんやご家族の意見に合わせて動いているため，医師の治療方針通りに物事が進んでいないように見えるかもしれない。医師にとって，随分不自由な診療場面のように感じるかもしれない。しかし，そうではなく，この医師はこの診療の場が自分にとって最も動きやすい場になるように頑張っているのである。医師は家族のもつフレームに沿って動くことを意識し，その結果，家族からの信頼を得ようとしている。家族の信頼がなければ，医師がいかに専門的な知識をもち，最善の治療を提供しようとしても，その治療はうまく機能しない。医師が家族のもつフレームを理解し，それに沿ったアプローチを取ることは，決して医療の原則から逸脱するものではない。患者さんや家族と信頼関係を築けた医師は動きやすく，のびのびと診療できるようになる。

おわりに

　システムズアプローチを学ぶにあたって難しいのは，フレームや文脈，コンテクストといったシステムズアプローチ特有の考え方を理解し，身につけることである．私自身もまだまだ全然できていない．また，医療現場でシステムズアプローチを利用する難しさもある．システムズアプローチではコンテクストを重視し，コンテンツについては重視しないが，医療では当然ながらコンテンツも重要となる．

　医療の現場には多くのコンテンツが存在するが，主訴は重要なコンテンツの一つである．主訴とは患者さんの抱える愁訴の中で，患者さんにとって最も重要なものである．複数の主訴を患者さんが訴える場合もある．発熱，咳嗽，鼻汁，嘔吐，下痢，頭痛や腹痛などが主訴となる．医師にとっては，患者さんの主訴が発熱なのか腹痛なのかそれとも他の何かなのかを把握できればまずは十分である．しかし，システムズアプローチの実践においては，主訴の把握だけでは不十分であり，コンテクストの把握，つまり主訴がシステム（多くは家族）内で果たしている役割を把握することが求められる．患者さんや家族が腹痛をどう捉え，腹痛出現の前後で何が変わり，腹痛にどう対処しているのかなどを把握する必要がある．これは家族システムの把握の一端である．また，診察室で主訴などの情報を誰が，どのタイミングでどのように語ったのか，それを聞いている他の家族はどのような反応を示したのかといった診察室内でのコンテクストに注意を払う必要がある．これは治療システムの把握の一端である．医療の場でシステムズアプローチを実践するためにはコンテンツを把握しつつ，コンテクストも把握することが求められる．この二者の把握を今あげた主訴にだけではなく，現病歴，既往歴や出生歴などのあらゆる場面で並行しながら行う．私の実力ではまだまだ同時に十分に把握することはできない．コンテンツに引っ張られたり，コンテンツに気を取られてコンテクストの把握が疎かになったりしてしまう．

　上の事例を読んで，「なんだ，風邪か」と思われた方もいるかもしれない．生死をわかつようなもっと重症な患者さんで，もっと医師−患者関係が悪く，

もっと複雑な家族関係の事例を期待した方もいるかもしれない。もちろん，そういった状況にシステムズアプローチは力を発揮するが，そのような事例については，私のような半端者が述べるのではなく，システムズアプローチを専門とする心理職や精神科の先生方にしっかりと執筆していただくのが適切だと考える。私がこの事例で示したかったのは，風邪のようなありふれた一般的な病気であってもシステムズアプローチは有用であるということである。すべての疾患，すべての医師やすべての医療現場でシステムズアプローチは活用できる。システムズアプローチはものの見方であり，認識論である。その無形さゆえに，何にでも応用できる。反面，つかみきれない難しさがある。しかし，それでもシステムズアプローチを学ぶ価値は十分にあると私は感じている。システムズアプローチを学んでいると，何かをつかんだつもりになっても，すぐにそれが錯覚だったかのように思えてくる。ウナギをつかむのに似ているのかもしれない。いつかそのウナギを本当につかんで，かば焼きにして味わいたいものだ。

　今回の原稿を書くにあたり，背景の異なる2つの読者層，医療者と非医療者を対象に書いてきた。アブとハチを追い回し，二兎を追いまくった。うまく捕まえられていれば嬉しく思う。

[文　献]

Haynes, R.B., Devereaux, P.J., Guyatt, G.H. (2002) Physicians' and patients' choices in evidence based practice. *BMJ* 324 (7350): 1350.

第14章

皮膚科診療に活かす
システムズアプローチ

Shimizu Ryosuke
清水良輔

はじめに——「今ここ」にいる筆者のストーリー

「今ここ」は，70歳を超えても楽しく1日9〜10時間の外来診療を行っている現在の生活のことである。さすがに診療が終わると疲れているが，診療中は元気に楽しく集中してやれている。同世代で私より診療を楽しんでいる皮膚科医に出会ったことはない。その理由は一重に心理療法を皮膚科診療に持ち込んだことである。心理療法を学び始めたのは40歳の頃なので，心身医学療法に取り組んできた歴史は30年。まだまだ新鮮で興味深く，また患者さんの症状改善や行動の変化が身体医学だけの治療法に比べてはるかに大きいのでやめられない。

システムズアプローチやナラティヴ・セラピーを行っていると，この年になって「今ここ」にいる自分自身のストーリーが見えてくる。

医師になるまでのストーリー

私の父はもともと大学病院の皮膚科・泌尿器科の講師をしていたが，私が

幼稚園の時に，当時，神戸市で2件目の皮膚科開業医となった。きっかけは祖父が経営していた炭鉱の経営破綻であった。父は長男として4人の弟，妹を大学まで卒業させるため，若くして開業した。毎日多くの患者さんが来院し，遠方から来られる方も多いというのが母の自慢であった。父の弟，妹は全員無事に大学を卒業し，末弟は医師になった。そして父のきょうだい5人には全部で11人の子どもがいるが（私にとって父方の従兄弟），そのうち私を含めて8人が医師である。

　従兄弟たちが親からどう言われていたかはわからないが，私は小学生の頃から，父から口癖のように「何をやってもいい，ただし医師にはなれ」と言われていた。何をやってもいいと言われたので，小学校時は卓球と野球，中学生になるとクラブには入らずボウリング，ビリヤード，バンド活動に夢中になった。高校時代には，後にプロのミュージシャンになったメンバーと知り合い，神戸カーニバルに出たりラジオに出演したり，アルバイトでプールサイドで演奏したりと真剣に取り組んでおり，それなりに自信もあった。しかし学校の成績は下降傾向で，高校3年になる頃には医学部受験などはとうてい無理な状況であった。

　ある日，父と進路のことで喧嘩して家出をした。4，5日外を泊まり歩いて帰ってみると，友人が4人呼ばれて家にいた。友人に対して父はこう問いかけた。「君たち，こいつは将来，音楽の道で食べていけると思うか？」。すると友人は「いけるかもしれませんよ」と言ってくれた。それを聞いて父はしばらく沈黙した後，こう言った。「そしたら，一度，音楽の道でやってみろ」。

　今でも覚えているが，そう言われた時，音楽の道で食べていこうなどという気持ちが自分の中にまったくないことを確信した。

　当時17歳であった私は逆説的介入など知る由もなく，父も心理的働きかけなどできる人ではなかった。

　そのことがあってから医学部受験に臨んだがすぐに間に合うわけもなく，1年浪人してなんとか医学部に入ることができた。

皮膚科医，そして心療皮膚科医になるまでのストーリー

　大学2年の時，父がフグ中毒で亡くなった。あまりに突然のことで驚いたが，のんびりしているわけにはいかなくなり猛勉強を始めた。当時，受験勉強は頑張っても大学生になってきちんと勉強する人は少なかったが，私は毎日さぼることなくすべての授業を受け，帰宅後はその日学んだことの復習をするという生活を続け，3年生以降卒業までずっと成績はほぼトップであった。

　父の後を継ぐ必要はなかったので，何科の医師になるか決められずとりあえず麻酔科の医局に入局した。父がフグ毒による呼吸不全で死亡しているので，呼吸管理ができる医師になりたいという思いが背景にあったと思われる。麻酔科で研修した後は他の科に移ろうと考えてはいたが，全身麻酔ばかり行っていると患者さんと話す機会は極めて少なく，徐々に技術的に熟練してくると，もっと患者さんと会話がしたいと思うようになった。

　1年間麻酔科医として働いた後，内科にするか皮膚科にするか迷ったが，当時「医師過剰時代になった」という情報もあり，なり手の少ない皮膚科を選んだと記憶している。

　皮膚科に入局してがっかりしたのは，原因のわからない疾患があまりにも多いことであった。医学生時代，ある内科教授が「原因がわかればどの医療機関でも同じ治療が可能になる」と話すのを聞き，いたく感動した私は，原因究明こそが医学の王道と思っていた。数年間，皮膚科医としての一般医療を経験した後，原因探しが重要な皮膚アレルギー学を専門にすることを決意した。

　特殊外来として皮膚科アレルギー外来を週に1度行い，経験を積んでいった。アレルギー外来を訪れる患者は接触皮膚炎，薬疹，蕁麻疹，アトピー性皮膚炎などが主体で，種々のアレルゲンの原因検索のための検査を行っていた。接触皮膚炎，薬疹，アレルギー性の急性蕁麻疹などの患者は，原因を除去する指導によって改善し，アレルギー外来を去っていった。しかしいつまで経ってもよくならないのがアトピー性皮膚炎と慢性蕁麻疹の患者たちであ

った。

　今でこそ心身症という枠組みで捉えているが，当時は心理的要因に思いが及ばなかった。しかしある時，心理面の影響を実感する症例に出会った。

　症例は膿疱性乾癬という疾患の，中年の女性入院患者であった。膿疱を伴った紅斑が全身に及び，高熱で食欲がまったくない状態だった。当時は膿疱性乾癬に最も有効とされていたビタミンAの誘導体でレチノール酸という内服薬を処方し，1週間で軽快傾向を示した。しかしその後，その薬をのむと吐き気が起こり吐いてしまうようになり，結果的に内服を中止した状況となった。再び高熱が続きまったく食べられなくなり，点滴でしか栄養摂取できない状態となった。困り果てていた時にある看護師から，その方の吐物にレチノール酸のカプセルがそのままの形で残っていたという報告を受けた。心理的な影響だけでそんな現象が起こるのか半信半疑であったが薬剤部に相談し，薬の上にさらに違うカプセルを被せて別の薬に見えるようにしたうえで，患者には新しい別の薬と称して投与した。すると吐かずに内服することができ，約2～3週間の内服で劇的に改善し退院の運びとなった。この方は自宅が火事で燃えた後に発症したとのことであったが，よくよく聞くと人生で自宅の火事は2回目で，1回目の時にも膿疱性乾癬を発症したとのことであった。

　この診療体験がきっかけになり，皮膚科心身医学研究会に参加するようになった。そこで本書編者のH先生の講演を聴いた。非常に興味深く面白い講演であったがどうしていいかわからないまま時間が過ぎ，39歳の時に大学病院を辞めて神戸労災病院に就職した。

　労災病院に勤めて1年目に，心理療法の世界に入る大きなきっかけとなる症例に出会った。9歳の男児で，乳児期よりアトピー性皮膚炎で小児科にて加療を受けていたが小学3年頃より増悪傾向，血液検査（IgE RAST）で30種以上の食物が陽性，すべてを除去した食生活を送っているにもかかわらず症状はどんどん増悪した。米も小麦も食べられないので主食にしていたヒエ，アワさえもやがて検査で陽性になり，食べるものがなくなった。広範囲に湿潤した皮膚病変で不登校状態となり，近院の小児科に約1ヵ月入院するも改

善せず，困り果てた小児科医より紹介され入院となった．

　小児科入院中，除去食にしてもまったく改善がみられないことから，食事は「何でも食べてよい」という状況を設定した．それ以外は特殊なことを何もせず，投薬も変更せず入院生活を送ったところ，約3週間で皮膚症状は劇的に改善し一旦治癒状態となった．ところが退院すると症状再燃し再入院となり，入院するとまた治癒するという経過で，心理的な状況が関与していることは明白であった．精神科所属の臨床心理士に相談し，1年以上にわたって月1～2回の粘土を使ったプレイセラピー，並行して家族療法が行われた（今思えばやや「父親に問題あり」といった働きかけと感じられ，それがベストかどうかは当時の筆者の知識レベルではわからなかった）．結果，約2年間で計4回入院したが最終的には薬がなくとも症状消失し学校も行けるようになった．

　このプロセスは当時の筆者にとって驚愕の出来事で，自分で治療できるようになりたいという思いが湧き上がった．皮膚科の代表的な疾患の治療で精神科医，臨床心理士にイニシアチブを取ってもらうことに無力感，違和感があり，自分でやろうと考えるようになったのである．

　日本心身医学会に入会し，種々の研究会やシンポジウムに出席しいろいろ話を聞き，まず出会ったのが認知行動療法であった．理解しやすかったが，行動変容のための行動課題を出してもなかなか実行してもらえないという経験から，ブリーフセラピー，家族療法の世界へ入ってきたのが29年前，42歳の頃である．その年齢で心理学科に入学するわけにもいかず，ひたすら本を読み，学会・研究会で学んでは実践するということを続けてきた．

　有効例を経験するごとに，身体科への応用はブリーフセラピー，システムズアプローチが最適であるという確信を得るとともに，皮膚科という身体科への心理療法の応用が自身のライフワークになった．

　以下に，アトピー性皮膚炎と円形脱毛症の治療にブリーフセラピー，システムズアプローチを応用した症例を紹介する（2症例とも公表の許可をいただいている）．

症例1　ステロイドに不安をもつアトピー性皮膚炎の大学生

　21歳の男性。母親にもアトピー性皮膚炎がある。4歳時に内斜視，10歳時に真珠腫を手術した既往がある。乳児期より顔面に湿疹病変が出現し，近医にてアトピー性皮膚炎の診断のもとステロイド外用中心の加療を受けるも皮疹は躯体，四肢に拡大。幼児期に入っても改善せず，ステロイド外用剤を約2年にわたって継続使用することとなった。3歳時，ステロイドの悪い噂を聞き中止したところ著明増悪した。その苦労以来，どのような治療の時にも（手術などでも）ステロイドは使わないようお願いしてきたとのこと。学童期には軽快したが治癒することはなく，16歳時，ステロイドを使わない治療を希望して母親とともに来院した。皮疹は顔面と手に限局しており，薬物療法はステロイド以外の外用剤の処方のみで，ブリーフセラピーを応用した心身医学療法を行った。搔破行動にも働きかけ，約1年間に5回の通院で軽快傾向を示し，一旦通院中断となった。

　高校卒業後，1年浪人し大学に入学したが，大学2年の頃より再び増悪した。最近では眠れない日が続き授業を休みがちとのことで，再び母親とともに受診した。母親は自分のアトピーの相談もしたいとのことであった。

　本人は親の経験や情報より3歳以降ステロイドを使わない治療を受けてきたが，あまりにひどいのでステロイドを使用しようと思って相談に来たとのこと。母親も，本人がその気ならステロイドを使うことも仕方がないという。

　この時点で「治療が親主導から本人主導へ変化し始めているのかな」「しかし受診していない父親はどう考えているかわからないな」などいろいろ想像しながら，とりあえずステロイドの不安に働きかけてみた。昔，ステロイドでつらい体験をされたのにどういういきさつで母子ともに決心できたか，さらにステロイドを使ってよくなれたら何が違ってくるかを聞いた。

　そして，もし使うなら近年行われているステロイドのプロアクティブ療法がお勧めであることを話した。その気になられたようであったが，そこで診療を終わりとせず，家族療法の枠組みへつなぐため，あえて次の質問をしてみた。

治療者：せっかく止めていたステロイドを再度使用することに関して，ご家族，とくにお父さんはどう思われるでしょうか？
患者　：きっとこの医院に怒鳴りこんできますよ。
治療者：息子の病気の治療のことを真剣に考えておられるのですね。
患者　：昔から夜中に布団をめくって，俺の体をチェックしにくるんですよ。
治療者：心配しておられたんですね。
患者　：今でもですよ。
治療者：今でも息子が可愛いんやね。子どものアトピーに関心を示さない父親が多いのに，お父さん，すごいね。お母さんはいかがですか？
母親　：夫は子どもに対する心配事や不満を直接言わずに，すべて私に言ってくるんです。それを私が子どもに伝えることが多いです。
治療者：息子さんとお父さんは直接の話をする機会が少ないのですね。私としてもお父さんに怒鳴りこまれるのは困りますので，せっかくステロイドを使う決心をしてきていただいたのに手ぶらで帰っていただいて恐縮ですが，お母さんからお父さんにプロアクティブ療法を説明していただいて，ステロイドを使って治療することの許可をもらってきていただけませんか。

このように説明して了解してもらい，診察を終了，6日後に再診した。母親によると，家で父親にプロアクティブ療法を説明したところ，やはり反対されたという。しかし，

母親：成人したことだし，本人に任せてやってくれませんか。
父親：ステロイドは本当に怖いということがわからないのか。
母親：今からなら就職活動に間に合うのでやらせてみてほしい。心配も含めて経験させることが必要だと思う。

このような夫婦での話し合いが数回もたれ，父親もしぶしぶ納得したとのこと。その報告を受けてプロアクティブ療法を開始。軟膏を母親と息子で互いに塗り合うという課題を出して再診を終了した。

　初診時は母親が主に話していたが，3回目の診察の頃より患者本人がほとんど独占的に語るようになり，母親と治療者が聴く側に回ることが主になってきた。本人の口から「両親の愛がなければ自分は生まれてこなかった」「お母さんもお父さんに薬を塗ってもらったらよくなるよ」「親が変わってくれたらよくなる」「うちの家は父が怒って母に俺のことを言う」「母は父には何も言わず俺を叱責する」「父が自分の小遣いを上げてくれと主張して夫婦喧嘩になった時，父には『変なことに金使おうとしてるんとちゃうか』と言ってやり，母には『お小遣いを上げてあげたら』と言ってやった」などの話が出た。

　「まるで家族のコーディネーターみたいやね」と治療者が言うと，「母の実家で夫婦喧嘩をした時，『じいちゃん，ばあちゃんの前で騒ぐな，男として女に怒鳴るな，大人しくしてくれ』と父を説得したら父が詫びた」「父は最近大人しい。母を介さず直接小言を言ってくるようになったが，ことごとく自分に論破されている」「今でも夜中に忍びこんできて背中をさすってくるので，『変態か』と言ってやったら父が謝った」「父が『最近どうや』と聞いてきたので『まあまあ』と答えると，にいと笑った」と言う。

　また「この頃は父と向かい合って大人っぽく話し合えるようになった」と母親が言うと，「最近，家が散らかっていると言って，父が母と一緒に家を片づけるようになった」「父は母には謝らないが俺には謝る。しかし最近小遣いを上げてもらい，母に頭が上がらない」「自分は中立だ。母には母らしく，父には父らしくなってほしい。母は回りくどい，父はストレートすぎる」「父が風邪をひいて体調を崩していた時『大丈夫ですか？』とメールをしたら『いい息子だ』と返してきた」と話した。

　「両親の夫婦関係のゴールは？」という治療者の質問に対しては，「自分が

間に立って調整しなくて済むようになれば楽」「母ももう少し父の働きかけに対してリアクションしたらいいのに，無視するからな」「俺が早く就職して家を出て，二人の時間を作ってやればちゃんと向き合うかな」と言う。

　その後，母親が一人で来院した時，「息子さんがよくなったのはステロイドの使用を決断したことが大きかったと思いますが，その他の要素として，彼はどうやってよくなったと思いますか」と聞いてみた。すると，「小学校時代はいじめられて苦労したけど，中学生になってバレー部に入って，役割をもたせてもらって少し自身がついたようです。それから浪人はしたけど大学に入れたこともよかったと思います。高校生の頃は父親とはまったく話せなかったのが，この頃はよく話せるようになったことも大きいと思う」とのことであった。

　その後の診療で患者本人に，症状を過去最悪が０点，治ったら100点というスケールで自己評価してもらうと，初診時は40点で１年後の現在は80〜90点とのこと。病勢のモニターとなる検査であるTARC（正常値450pg/ml以下）値は，初診時1200pg/mlから１年後393pg/mlと正常化した。ステロイドは治療開始当初は毎日２回，全身の外用からスタートしたが，１年後は著明改善したため週に１回，一部に塗るか塗らないかの生活となった。本人は「最近はストレスがかかることがない，なんせ父にガーガー言うてるからな」と話している。

〈考察〉
　アトピー性皮膚炎の患者や家族でステロイドの使用に不安をもっている人は非常に多い。一方，医師はステロイドが治療の中心と考えているので，対立構造になりやすい。この問題にけりがつくだけでも軽快に向かうケースは少なくない。この症例はそれまでまったく使わないできたケースで，そのスタンスを作ってきたのは母親であったが，母親自身は初診時すでにステロイドを使用する決断ができていた。ここで初診を終わらずに父親について関係性の質問をしたことがシステムズアプローチにつながり，患者本人の父親に

対する批判的な言動をすべてリフレーミングしたことが父親との対等性につながり，さらには皮膚症状の著明改善が得られたと考えられる。関係性の質問はこのタイミングでなければ，すなわち父親のことを考慮せずにステロイドを処方してからということになると，かなり違った展開になったことが推測される。

症例2　抜毛症を伴う円形脱毛症を抱え，登校を嫌がる中学生

　13歳，女性。X年3月頃より頭頂部の脱毛巣に気づいた。4月に中学入学，脱毛巣周辺の毛を抜くようになったとのことで近医を受診。心理面への関わりが必要ということでX年7月に紹介され母親とともに来院した。

1回目の受診

　近医受診から初診まで3ヵ月かかったが，その間に抜毛はなくなったとのこと。頭頂部に直径約4cmの円形の脱毛巣がみられるが脱毛は止まっている。

　母親は「前医に紹介されたが，毛は抜かなくなったし忙しかったこともあり来院できませんでした。最近学校へ行くのが嫌だと言うので，早く生えたらいいと思って連れてきました」とのこと。学校での三者面談では担任の"熱血先生"からスクールカウンセラーへの相談を勧められているという。

　母親が説明している間，患者は黙っている。

　　患者　：……。
　　母親　：入学して吹奏楽部に入って打楽器奏者に選ばれたのに，やめてしまったんです。
　　患者　：……。
　　母親　：そのようなことで，近々もう一度，三者面談をすることになっています。
　　治療者：学校へ行かないという人生もあるやろうけどね，吹奏楽部をやめ

　　　　　たのはなぜ？
　患者　：クラブ活動していると勉強できない。
　治療者：そうか，それはなかなかできない決断やね．少し聞かせてほしいんだけど，髪の毛が生えたら，今と違うことは何？

　このように聞くと，患者は「プールに入る」「ショートカットにしたい」「隠す努力をしなくて済む」と答えた．治療者は続けて次のように話した．

　治療者：脱毛や学校のことを含めて，嫌なことに名前をつけてみてください．

　すると，嫌なことの名前は「悪魔」だと言う．

　治療者：その悪魔がどんなやつか絵を描いて，次の診察の時に持ってきてくれるかな？　そしてどんな攻撃をしてくるのかを考えてきて．その攻撃に対抗するものの名前も考えてきてください．お母さんは，次の来院までに娘さんの良いところを考えてきてください．お父さんにも聞いてみてください．

　このように伝えて診察を終えた．

2回目の受診
　患者は右のような絵を描いて持ってきた．母親は患者と一緒に入室せず，まず患者本人だけを診察した．

　治療者：「悪魔」の絵，すごく表現力豊かやね．この「悪魔」は，どんなこと言ってくる？
　患者　：……．
　治療者：また教えてね．

「悪魔」の絵

患者　：吹奏楽部の顧問の先生が，廊下でこちらが礼をしても無視してくる。
治療者：あなたのほうが大人やね。ところで，悪魔に対抗できるものは何かあるかな。
患者　：……チャーリー・ブラウン。
治療者：そうか。チャーリー・ブラウンならスヌーピーと一緒に戦ってくれるかな。
患者　：……。
治療者：じゃあ次回までに，チャーリー・ブラウンがどんな風に戦うか考えてきてね。

続いて入室した母親に，患者の良いところについて尋ねた。すると，「クラブ活動を辞めて勉強しようと考えたこと」であるという。父親は「母親を通さず自分の主張をするところ」と話しているとのこと。

母親　：あの悪魔は父親です。絵のグッズは，バンドが趣味の父親のものです。父親は夜勤で，眠る時間に同じ部屋で娘が勉強すると眠れ

　　　　　ないと言って，よく喧嘩になるんです。「ここは俺の部屋や」と。
　　　　　悪魔の絵を描いた前日はお互いに「ハゲ」と言い合いになりました。
治療者：お父さん，禿げてるんですか？
母親　：禿げて老けてるのに幼いんです。
治療者：お父さん，今でもバンドやって，娘と「ハゲ」の言い合いするなんて，気が若いんかな？　ここはコーディネーターのお母さんに，お父さんの睡眠と，娘さんの勉強時間と場所の調整をお願いします。そして父娘の関係修復に関して，どんなアイデアがあるかを次回までに考えてきてもらえませんか。

3回目の受診

　母親が自身の皮膚病の相談もあって，3回目の受診は一人で来られた。その時に「娘さんとお父さんのその後はいかがですか」と尋ねてみた。すると前回受診の後，悪魔の絵の話を含めて夫婦で話し合ったところ，父親が真っ先に動き出したとのこと。

母親　：娘をハグしたらどうだろうと主人が言ったのですが，私はどうしてもハグができないんです。
治療者：どうしてですか？
母親　：中学生にもなってハグはない，と考えてしまう。
治療者：早く子どもさんに一人前になってほしいという気持ちの表れですね。お父さんがハグする時に，後ろからハグするというのはいかがですか？
母親　：考えてみます。

4回目の受診

　今回も母親のみで受診。親子3人で話し合って，部屋の使い方に関して時間の割り振りをしたとのこと。最近は娘と父親の関係は良好で，休日には二

人で自転車で海岸に行くのが習慣になっている。患者は「お母さんも来ていいよ」「悪魔の紙，捨てよかな」などと話しているとのこと。

　吹奏楽部の顧問の先生が担当する音楽の授業で，授業の感想を毎回提出し赤鉛筆でチェックして返却されるが，患者は自分だけチェックなしで返されることに悩んでいるという。

　　治療者：どうします？　担任に確認してみますか。
　　母親　：一度相談してみたいと思います。
　　治療者：では次回の受診時にどうなったかお聞かせください。

5回目の受診

　母親のみが受診。母親が担任に，音楽教師の廊下での挨拶の件と，感想文のチェックの件に関して学校に相談に行ったところ，担任が音楽教師に話してくれたとこと。結果，廊下でも挨拶され，感想文の赤鉛筆チェックもしてくれるようになったという。「お母さん，勇気出してよかったね」と伝える。

6回目の受診

　母親と患者で受診。患者に学校のことを尋ねた。嫌いな先生は担任の数学教師と音楽教師，それに体育教師とのこと。

　　治療者：学校に行くのが最も嫌だった最初に来てくれた時を100として，嫌な状況がまったくなくなった時が0とすると，今はどれくらい？
　　患者　：50点。
　　治療者：どうやって50点まで下がったの。
　　患者　：授業に遅れたくないし，音楽の授業は緊張したけど事情を知っている仲のいい子が隣に座ってくれて助かった。
　　治療者：仲のいい友だちがいるってことは大事やね。ところで毛は生えたかな？　ちょっと診させてもらうね。

抜毛はなく，短毛の発毛が始まっていた。

〈考察〉

　初診時ほとんど話さない患者であったので，解決志向面接をしながら問題の外在化を狙い，問題に名前をつけ絵に描くという課題を出した。学校へ行きたくないという問題がまず出てくるかと思いきや，父親との関係が出てきた。母親にお願いして夫婦で話し合ってもらうことで家族間の問題は早期に改善し，学校の問題に向かい合えるようになった結果，スムーズに発毛が起こった。症例1においても言えることであるが，長期に続く問題でも効率のよい家族間の変化が起こると，比較的簡単に解決に向かうことがある。このケースも父親との対等性が重要であった。

身体科治療における対等性の問題

　心理的な関わりの方法論にかかわらず，対象者と関係者の間に対等な関係が生じた時に，変化が起こりやすくなると筆者は考えている。

　前述した各症例からもそのことはみてとれる。症例1では，システムズアプローチにより家族3人の対等性が観察できるとともに症状の改善につながった。症例2では，父親の行動変化により父親との対等性が構築され，学校内のストレスに対峙できたと考えられる。

　筆者自身のナラティヴ・ストーリーにおいても，父親の言葉が生んだ対等性が自身の行動に大きく影響を与えたと考えている。

　患者のシステムの中での対等性が解決の鍵ということであれば，身体医学においても患者医師間の対等性が重要と考えられるが，患者と医師の関係性においては非常に対等性が作りにくい。その最大の理由として疾患における知識の差が大きいことが挙げられる。原因がわかっていて対処法をきちんと説明して解決する疾患であれば，丁寧に説明するということでよいと考えられるが，そんな疾患はほとんどない。よくなるためには通院する，検査を受

ける，病態を理解する，薬を使う，生活習慣を考える，疾患が生活や家族にもたらす影響に対処する，など行動処方をすることが一般的にはまともな診療と考えられ，患者もきちんと説明してくれることがよい医療と受け止めがちである．しかし疾患がよくなるための行動は，その必要性が理解できても，現実にはなかなかきちんとできないことが多い．生命に関わらないことが多く慢性経過しやすい皮膚疾患においてはとくにモチベーションが上がりにくいと考えられる．

そこで心身症とされる疾患でなくとも，患者との対等性を前提としシステムも巻き込んでのコラボレイテイブ・アプローチが理想的と考えている．

皮膚科におけるシステムズアプローチ

システムズアプローチに関して，身体疾患に応用する場合に筆者が重要と感じたことを述べる．

まず，対等性という意味でも最も重要なのはジョイニングであるが，治療方針に関してSDM（Shared Decision Making，共同意思決定），すなわち医師と患者が双方の情報を共有しながら医療上の決定を成す作業が重要である．医療情報を伝え行動処方に関する提案を行う時に，対等性に配慮した伝え方が重要と考える．たとえば「この疾患は基礎発汗が減っているので普段から運動して，毎日入浴してしっかり寝ることが大事です．ストレスが多いと発汗が減るので気をつけてください」と説明された時，腹を立てる人はいないだろうが，親切に言っていても上位からの提言である．実行に移すという意味でのモチベーションが上がるとは考えづらい．

そこで「この疾患は基礎発汗が減っていることが学会などで報告されています．基礎発汗は運動や入浴の影響を受け，運動が足りなかったりストレスフルな生活状況だと減るといわれています．こういうことに関しても，どう対処していくかなど，これから相談していきたいと思います」と話すと，対等な感覚が生まれモチベーションが上がりやすいと考える．

さらにSDMの結果，治療方針で折り合えそうになっても，診療に来てい

ない家族の了承を得てもらうことが重要である。決めた治療方針が家族に反対されることを時々経験するし，ジョイニングとしても重要である。そしてジョイニング時だけではなく続いていく診察のたびに，家族を意識した対等性を維持していくことが非常に重要であると考えている。

　ジョイニングの後は，身体症状の原因因子に関する解釈や薬物療法，皮膚科特有のスキンケアや掻破に関する考え方などについての不合理な理解はリフレーミングし，合理的な考え方や行動はできるだけ間接的にコンプリメントすることで診療を重ねていく。家族について関係性の質問を投げかけると，家族内での問題が出てくることがしばしばあり，そうすると今度は家族の問題に関してシステムズアプローチを展開していくことになる。

身体科でシステムズアプローチを行ううえでの問題点

　システムズアプローチに限らずどんな心理療法を応用するにしても，問題は診療に要する時間である。一日に数人診れば終わりというような診療システムは身体科の医療では考えられず，心身医学療法に関する講演を頼まれていつも質問を受けるのはその点である。

　初診ではジョイニングにどうしても時間を要するので致し方ない部分もあるが，課題の回答を次回までに書いてきてもらうようにして診療時間の短縮をはかったり，ゆっくり会話したいという方には30分以上の有料予約枠に入ってもらうなどの工夫をしているが，時間の問題は相変わらず最大のテーマである。

　もう1つは治療サイドのシステム作りの問題である。当院では「治療は受付から」をスローガンに年に数回，皮膚科学講座や薬剤の説明会，専門家による講義，スタッフ自らが記載する「ヒヤリハット，ニヤリゲットノート」などを使っての患者扱いに関する検討会を行っている。皆興味をもってくれており，現在のスタッフは全員17年以上継続して勤務してくれているのが自慢である。

　最後に，心身症であるかどうかはさておき，気持ち，心の反応が関連しな

い身体疾患はないし，患者の疾患に影響を受けない家族はいないと考えられる。心身医学的なアプローチとしてのシステムズアプローチを多くの身体医学者に知ってもらいたいと望むばかりである。

終　章

治療的な仮説をつくる，1つのノウハウ
―― あとがきに代えて

Higashi Yutaka
東　豊

仮説づくりは難しくない――作法を学ぶ

　家族療法（システムズアプローチ）のスーパービジョンを行う中で，「どうすれば素早く仮説が立てられるようになるか」という質問を多くのバイジーから受ける。中には「自分には直感力がない」と決めつけ，落胆する人もいる。しかしそれは誤解であって，仮説を立てる能力は天賦の才ではなく，習得可能なスキルなのだ。いくつかの基本的な作法を身につければ，仮説づくりは決して難しいものではなくなる。

　作法には多くの種類があるため，一度に多くのことを覚えるのは難しいかもしれない。しかし，本稿で紹介するシンプルな作法を1つ実践するだけでも，読者の臨床スキルは大きく向上すると思う。本稿は，「仮説が立てられなくて不安だ」と感じている多くのセラピストにとっては新たな道しるべとなるだろうし，また，すでにこの方法を知っている人には良い復習の機会になるだろう。

　ただし，「心理療法に仮説は必要か」といった議論も存在する。「仮説づくりは不要だ」と考える熟達者にとっては，本稿の内容はおそらく無用のもの

だろう。

推奨する仮説の立て方──これ1つで何とかなる(ことが多い)

「症状」や「問題」は家族システムに少なからぬ影響を及ぼす。発症（発生）の前後には何らかの家族関係の変化があるはずで，その中には必ず肯定的な側面も含まれているものである。

初回面接ではこの「良い変化」を探し出すことが重要である。これを見つけることで，「症状」や「問題」が家族システム内で果たしている役割に関する仮説が立てられるし，この仮説をもとにして面接の方針も自然と明確になってくる。

ただし，いきなり発症（発生）前後の家族関係の変化を質問するわけにはいかない。通常，面接の初期段階では，家族それぞれが「症状」や「問題」について語るため，まずはその話に耳を傾けることが必要である。原因について意見が交わされたり，家族間で非難の応酬が生じたりすることもあるが，こうしたやりとりにもある程度付き合うことは必要であるし，そこから得られる情報がセラピーの役に立つことも多い。

そのうえで，適切なタイミングを見計らい，「問題が始まる前と後で家族関係にどのような変化があったか」を知るための質問を投げかけるのが良い。

もしもこの質問に家族が積極的に答える展開になれば，結果として2つの大きな収穫が得られる。

第一に，家族の語りが「症状」や「問題」ではなく，自分たちの「関係性」に置き換わる，このプロセスそのものが治療的な効果をもつことである。家族の注目が別の方向へ向かうだけでも，「問題維持システム」の変化が促される可能性は高くなるが，ましてや，現状の家族関係の肯定的な側面が浮き彫りになることは，家族の認知的な枠組みに大きな影響を与えるだろう。「家族には問題がある」「変化しなければならない」のではなく，「家族はすでに良い方向に変化している」「今のままでも良い」ことになるのである。

第二に，このような仮説を得ることで，セラピストが「見通しをもてた」

と感じ，落ち着きを取り戻せることである。セラピストの安定は，セラピーを円滑に進める助けとなるはずだ。

　以上のことから，「症状」や「問題」は家族システムに肯定的な変化をもたらすことを前提にし，その視点からの仮説を立てる作法を，まずは身につけることを推奨したいと思う。

　次に，そのような作法で初回面接が進められた，3つの事例を紹介する（いずれの事例も主旨を歪めない程度に改変されている）。

3つの事例から

（1）A君の事例
　来談者は，父親，母親，A君。面接の予約は母親から。

　中学2年生のA君は，腹痛で学校に行けません。
　母親は面接開始直後から，A君の問題について延々と語り続けました。
　タイミングを見計らって，セラピストは「発症前後の家族関係の変化」に関して質問し始めました。
　元来母親は教育熱心でA君に対して過干渉だったが，A君の腹痛が始まってからは「口うるさく言わなくなった」と，母親は語りました。A君はこれをなかば認めますが，「まだまだうるさい」と言います。母親は「まだ言いすぎているの？」とびっくりします。
　父親もまた母親の過干渉に批判的で，以前は夫婦ゲンカも多かったようですが，「現状の母親ならケンカするほどでもない」とのこと。「ただ，あともう少し，A君の自主性を尊重しても良いだろう」と言います。
　母親は，「夫婦ゲンカが減ったので大変楽になった」と言い，A君に対する「過干渉は腹痛が出ない限り止めることができなかったかもしれない」と振り返りました。
　セラピストはA君の腹痛が家族を平和にしたとリフレーミングしたうえで，「しかし腹痛がなくなると家族が元に戻ってしまうのではないか」と，ユー

モアを交えて心配しました。

母親は,「症状がなくなってもA君の自主性を尊重する」と言いますが,父親とA君は笑って怪しみます。

セラピストが「みんなが安心できるまで腹痛はむしろ持ち続けたほうが良い。万が一なくなってしまったら,症状があるフリをしても良い」と伝えると家族全員が笑い出しました。

〈小考察〉

「この子の腹痛は,家族システム内でどのような役割を果たし,どのように機能しているのだろう」。セラピストは最初からその点に強い関心をもって面接に臨んだ。そして,なるべく早く適切なタイミングで,その役割を理解するための質問を投げかけた。

本事例においても,質問を重ねるうちに,家族システムにおける腹痛の機能が徐々に明らかになってきた。「なんて素敵な症状なんだろう」。セラピストはそう感じずにはいられなかったものである。

しかし,どれだけ経験を積んだセラピストであっても,一歩間違えば,「母親の過干渉がA君の腹痛の原因である」といった単純なフレームにとらわれる危険がある。このような仮説は,母親を非難するだけで,何の価値も生み出さない。また,「A君は腹痛を利用して何がしかの状況から逃避(あるいは回避)している」といった解釈に惹かれることもあるだろう。しかし,A君自身に問題の原因を求めるような仮説では,母親が抱いていた枠組みと本質的には変わらないのだ。

「A君の症状は,家族にとって必ず何かしらの良い変化を生み出しているはずだ」。この視点を持ち続けた会話の継続が大切だ。その結果,「症状は簡単に手放してはいけない」という逆説的な見解でさえ,一理あるものとして説得力をもつ。そして,そのような見解は家族のこれまでの問題解決の試みに影響を与え,結果として問題維持システムの変化を促す力をもつことになるのである。

（2）B君の事例

来談者は，父親，母親，B君。面接の予約は父親から。

高校1年生のB君は小学生の頃から「不良」として有名でした。そして，半年前には刃物で同級生を傷つけようとする事件があり，とうとう警察が関与することになってしまったのです。

面接は，家族3人の希望で親子分離面接となり，まずは両親面接から始まりました。

憔悴しきった様子の母親は，B君の長年の「問題」をいささかヒステリックに語り続けます。一方，父親は物静かで落ち着きのある人でした。

母親の問題語りが一段落した後，セラピストはB君の問題の経過に伴う家族関係の変化を問うてみました。

すると，小さい頃から父親は家庭を顧みたことがなく，母親だけが子育てに関与していたことが語られました。そして，母親はそれが問題の一番の原因だと嘆き，一生この苦しみが続くのだと不安に慄いたのです。父親は何かに耐えているかのように，沈黙のままセラピストをじっと見ていました。

しかし続けて聞いてみると，刃物事件があって以来，この半年間においては父親が（急激に）B君に関わっていることが語られました。「それまでは何事においても母親が自分一人で決めて行動するパターンが続いていて，父親としては出る幕がなかった。むしろ母親から意図的に遠ざけられていた」と父親は言います。実のところ母親は，「元不良」だった父親から悪い影響を受けないよう，B君を守りたかったのでした。

しかし，事態はますます深刻化。刃物事件に至って，とうとう母親は自分一人では事態を収拾することができなくなったのです。

心身の不調を訴える母親に代わって，以後，父親の出番が増えました。父親は，「長い間，父親としての関わりを諦めてきたが，今回の事件をきっかけに母親にはしばらく休養してもらい，今後は自分が息子にいろいろな経験を積ませ，社会勉強をさせたい」と言います。母親は，「非常に不安ではあるが，今となっては父親に任せるしかない」と，自身のB君への関わりを良

い意味で諦めたのでした。

続けてB君との面接が行われました。「小さい頃から母親にずっと見張られているような感覚があり，実際に事細かく口出しされてきたが，最近では父親と話せるようになり，母親とは距離ができたので，少し気持ちが楽になった」と言います。「父親は，母親と違って自分を受け入れてくれるが，一方で絶対にしてはいけないことを教えてくれる」そうです。また，「父親に連れられて，父親の昔の不良仲間に会う機会が増えた」ようです。「人生経験を聞かせてもらうことが勉強になる」と目を輝かせました（母親には内緒だとのこと）。

最後は親子合同面接。セラピストは現在の家族の変化を肯定的にリフレーミングし，（事件の後処理，学校や関係機関との交渉，何よりB君との関わりにおいて）今後一層，父親が中心となって取り組んでいくことが，家族3人で確認されました。

〈小考察〉

どのような事例でも，「問題」が表面化するまでの家族関係は，ネガティブに映ることが少なくない。そのため，多くの場合，それが「問題」の原因だと受け取られやすくなる。本事例においても，もし過去の夫婦関係や親子関係ばかりに焦点を当ててしまったら，「原因としての，とんでもない家族」という印象が読者の記憶に強く残ったことだろう。

しかし，家族療法の素晴らしさは，真の原因に固執しない点にある。実際，家族療法は過去そのものに興味をもたない。それでも本事例のように過去の家族関係を話題にする目的は，過去と現在の違いに注目し，「問題」が生み出した「家族の肯定的な変化」を明るみに出し，それを家族と共有することにあるのだ。そのような作法である。

たとえ家族が過去にとらわれていたとしても，それも含めて，セラピストがもつ関心はあくまで家族の「今」のあり方なのであって，その「今」のあり方に変化をつくるために過去（の出来事や話題）を利用しているに過ぎない。決して，「問題」の原因を理解しようとして過去に興味をもつのではな

いのだ。

「問題」が家族システムの中でどのように役立っているのかを明らかにするための会話を通じて、家族が少しでも元気を取り戻し、希望を感じることができるのであれば、これ以上の喜びはない。実際、このようなアプローチの最大の恩恵は、「希望を生み出す」ことであると深く実感している。

(3) C君の事例

来談者は、父親、母親。面接の予約は父親から。

中学3年生のC君は、不登校となり自室に閉じこもる生活を送っていました。家族にとってさらに深刻だったのは、祖母に対する激しい暴力が始まったことでした。現在、祖母は敷地内の離れに移動し、暴力はおさまったものの、家族はC君の将来を思うと不安でいっぱいでした。

父親がカウンセリングを申し込み、初回面接には両親が参加。父親が主にC君の「問題」を語りますが、母親は元気がありません。軽いうつ状態とのことですが、これでも以前より回復していると言います。

セラピストは家族関係に焦点を当て、問題発生前後の変化について質問しました。話を掘り下げる中で、次のような事実が浮かび上がりました。

・問題発生前の家族関係

まず、父親と祖母がC君に対して厳しく関わってきたことがわかりました。とくに祖母は特別に口うるさかったようです。名家の後継者として立派に育ってほしいと考えていたので、C君に多くを求めたのでした。父親から見ても、「少々やりすぎではないか」と感じることもありましたが、父親も祖母には頭が上がらず、意見することができない立場でした。

一方で、母親はC君にとって優しい存在でしたが、ひどい抑うつ気分が続いていたのでC君の躾のほとんどを祖母に任せていました。家事なども含め、祖母の機嫌を損ねないよう日々顔色をうかがう生活だったようです。稀に父親に愚痴をこぼすことがあっても、父親は耳を貸さない状況でした。父親は

何事にも自信満々の人で，自分のやり方が絶対に正しいと考えていたので，母親の考え方をどこか小馬鹿にしていたのです。

・問題発生後の家族関係

　C君の暴力によって，祖母はC君から距離を取ることになりました。当初は少々の暴力にも屈しない強気の祖母でしたが，野球のバットを振り回すC君を前に，父親が「自分の命を優先して」と，祖母を説得したのです。祖母は渋々ながら父親の指示に従い，大きなお屋敷の離れに移動しました。「私はもう疲れた。今後はあなたたち二人で何とかしなさい」。このように言い残したそうです。

　それ以来，日々の生活全般に祖母が口出しをしなくなったので，母親は大変楽になったそうです。今では抑うつ気分が「50％ほど」回復したように思うと言います。

　また，父親はC君に対して不要なプレッシャーをかけないようにしたいと考え，登校や勉学のことで説教をしないようにしていると言います。今までの「50％ほど」手綱を緩めたそうです。ただ，本当にこの方針で良いのか不安はあると言います。これまで自分のやり方が正しいと強く思ってきただけに，変更することに抵抗があるとのことでした。

　さらに父親は，母親の話に「50％ほど」耳を傾けるようになってきたと言います。これに対して母親は，C君に対する威圧的な態度を修正するよう意見するが，たしかに「50％ほど」話を聞いてくれるし，C君への関わりも「50％ほど」良くなった気がすると父親を評価しました。

　ここでセラピストは，C君の「問題」が結果的に家族関係の行き詰まりを打破する契機となったことを明確化しました。

①祖母が親世代への干渉を控え，母親の元気が回復したこと。
②父親が母親の意見を聞き入れるようになり，家庭内の風通しが良くなったこと。

この2点こそC君の大業績であると伝えると，母親は涙ぐみました。
　しばらくの間をおいて，セラピストが「今後どのようになりたいか」と尋ねたところ，父親は「自分が息子に対してどのように振る舞うべきかわからない」と答えたので，セラピストは「今ここで母親に意見を聞くよう」に勧めました。母親は「まだまだ過干渉すぎる」と意見し，「学校のことや勉強のことを完全に言わないようにしてほしい」と注文しました。父親は「本当にそれで良いのだろうか」と，若干の不安を見せましたが，セラピストが母親の意見を補強したこともあり，父親はその方向で進むことを約束しました。……初回面接はここまでです。
　その後，面接を重ねるたびに，母親の意見の取り入れが「100％」に近づいていきました。それに応じて，父親の手綱の緩みも「100％」に近づいていきました。
　このようにして，問題解決への取り組みは母親中心となり，それに伴って母親は「100％」近くまで元気を取り戻したのです。そしてC君も，それに呼応するかのように元気を回復しました。念のために言えば，祖母も新しい趣味に没頭し，穏やかな日々を過ごしているとのことです。

〈小考察〉
　「わが家の家族関係，このままではいけないよね。不全感が漂っているよね。わかっちゃいるけど，どうにもならない……」
　そんな停滞した状況を打破する鍵が，思いがけない形で現れることがある。それが「症状」や「問題」という特別なコミュニケーションの手段だ。これらが驚くほど大きな力を発揮し，家族関係を劇的に修正することがある。それこそが「症状」や「問題」のポジティブな機能なのだ。
　本事例も，このような視点から「仮説」が立てられた。
　一般に，クライエントは「症状」や「問題」を「悪いもの」「排除すべきもの」と捉える。そのため，そこに潜むポジティブな側面に目を向けることはほとんどない。しかし，一度「ネガティブなもの」として見なされたもの

は，その見方に縛られることで，ネガティブなままの姿を保ち続けてしまうのかもしれない。だからこそ，セラピストがそのポジティブな側面に光を当てることには，大きな治療的意義があるのだ。

「症状」や「問題」は家族関係においてどのような役割を果たしているのか？　その問いを出発点として会話を重ね，仮説を立てていく。このプロセスそのものが，状況を変える強力な治療的手段となるのである。

セラピストは，「症状」や「問題」が生み出した家族関係のポジティブな変化を支持する。具体的には，「発症（発生）後」の家族関係を維持するような働きかけを行う。「現状維持」を原則としながら，時には，より積極的に変化を促進することもある。本事例では，その具体例が次のように示されている。

　　父親は「自分が息子に対してどのように振る舞うべきかわからない」と答えたので，セラピストは「今ここで母親に意見を聞くよう」に勧めました。母親は「まだまだ過干渉すぎる」と意見し，「学校のことや勉強のことを完全に言わないようにしてほしい」と注文しました。父親は「本当にそれで良いのだろうか」と，若干の不安を見せましたが，セラピストが母親の意見を補強したこともあり，父親はその方向で進むことを約束しました。

セラピストは父親に母親の意見を聞くように促し，意見の違いがあった場合には母親の肩をもつことで，すでに生じていた家族関係の変化をさらに後押しした。このようなアプローチをアンバランシング技法というが，既存の変化を活用した場合，面接は無理なくスムーズに展開することになる。すでに起きている良い変化を拡張していく。このようなイメージをもって，セラピーの方針を決めていくと良いと思う。

仮説を立てることの意義——仮説は必要か？

本稿では，家族療法における仮説の立て方の1つを紹介した。それは，

「症状」や「問題」が家族システムに及ぼす機能に焦点を当てる方法である。この仮説は，「症状」や「問題」が現れる前後の家族関係の変化を丁寧に探る過程で明らかになる。セラピストは，その変化の中に「症状」や「問題」の機能を見出すのである。

とくに重要なことは，セラピストが「前後の変化の中に肯定的な側面を見つけよう」とする姿勢である。また，家族への質問は即座に介入となることを自覚することも重要だ。面接における「情報収集」⇒「仮説設定」⇒「介入」という流れは教科書的で理解しやすいものの，実際の面接ではそのように整理された手順や時系列に従うことはほとんどない。

実際の面接では，セラピストが「症状」や「問題」の家族システムにおける機能を明らかにしようとする目的をもった質問を始めると，その行為自体がすでに家族への介入となる。これにより，「症状」にとらわれていた家族の視点が変わるだけでなく，家族の肯定的な変化を語るようになると，結果として，面接の場で家族の感情にも変化が現れる。その証拠として笑いや感涙が生じることもある。また，「症状」に対する家族の認識が変わり，それに伴って対応も自然と変化していくことが期待できる。

このように，症状の機能に関する仮説を立てるための情報収集，すなわち介入のプロセスを経ることで，セラピストには仮説が具体化される。しかし興味深いことに，仮説が明確になる頃には，すでに介入がほぼ完了しているという現象が起こる。良いセラピーであればあるほど，このような状況がみられるように思う。実際にセラピーに役立つのは「仮説」そのものではなく，「仮説を立てるための質問」なのではないだろうか。この意味では，「仮説」というものは本来不要なのかもしれない。

紹介した3つの事例では，初回面接の終盤でセラピストは，「症状はこのように役立っています」「家族はこのように良い変化を示しています」などと家族に伝えている。これは一見，「重要な介入」に見えるかもしれない。しかし，実際にはこれは付け足しに過ぎないのだ。セラピストがその発言に至るまでに行った質問や，家族が話しやすい雰囲気をつくるための地道な作業こそが，より治療的な意味をもつのである。その下地づくりが不十分なま

ま「症状はこのように役に立っています」などといくら力説したところで，おそらく家族にはほとんど響かないだろう。それは単にセラピストの考え（仮説）の「押しつけ」に過ぎないのだから。

本書のあとがきに代えて

　仮説は，問題の本質を解明するための鍵ではなく，それにどう対処するかを見つける手がかりである。この視点をもつことが重要だ。さらに，仮説を立てるための問いそのものが，治療的な介入となり得ることを，改めて強調しておきたい。いずれにせよ，家族にとって役に立たない仮説は，意味がないか，あるいは有害である。本稿を通じて，仮説を立てることに不安を感じる方々が，より自信をもって臨床に取り組めるようなヒントを提供できていれば幸いだ。仮説を探究するセラピストが，そのプロセスで家族の「良い変化」を発見し，それをさらに育む力となれるように，ここに紹介したアプローチが用いられることを願っている。

　さて，本稿では１つのアプローチを紹介したに過ぎないが，本書全体を振り返ると，そこに共通する基調がある。それは，セラピストたち（執筆者）が，問題の原因を追求するのではなく，クライエントの「良いところ」やクライエントの困難の中に見え隠れする「良い変化」に目を向け，それを引き出そうとしている点だ。これは，本書の執筆者全員に共通する姿勢であり，それによってクライエントは解決へ向かう力を取り戻しているようである。

　このようなアプローチは決して難しいものではなく，日々の実践を重ねることで，誰もが身につけることができる。そして，それを習得することは，多くのクライエントの役に立つだけでなく，実はセラピスト自身の人生をより豊かで楽なものにしてくれるはずだ。

　本書が，それぞれのセラピストがみずからの方法を見つけ，新たな可能性を切り開いていくための一助となりますように。

執筆者一覧————

坂本真佐哉（さかもと・まさや）
神戸松蔭大学人間科学部

髙井　恵（たかい・めぐみ）
龍谷大学臨床心理相談室

佐々木聡（ささき・さとし）
湊川短期大学幼児教育保育学科

牧久美子（まき・くみこ）
龍谷大学心理学部

宮川俊介（みやがわ・しゅんすけ）
目白通りカウンセリングルーム

金山佐喜子（かなやま・さきこ）
天理大学人文学部

梅野智美（うめの・さとみ）
龍谷大学心理学部

野坂達志（のさか・たつし）
自治体　産業保健担当監

岡田由佳（おかだ・ゆか）
株式会社アレルギーヘルスケア
関西ダイアローグ・ラボ

狩野真理（かのう・まり）
関西医療大学保健看護学部

宋　大光（そう・だいこう）
宋こどものこころ醫院

村井健美（むらい・たけみ）
長野県立こども病院感染症科／総合小児科

清水良輔（しみず・りょうすけ）
皮ふ科しみずクリニック

編者

東　豊（ひがし・ゆたか）
龍谷大学心理学部教授。博士（医学）。臨床心理士，公認心理師。小郡まきはら病院，九州大学医学部，鳥取大学医学部，神戸松蔭女子学院大学人間科学部等を経て現職。著書に『新版　セラピストの技法』『リフレーミングの秘訣』『マンガでわかる家族療法』（いずれも日本評論社），『新しい家族の教科書』（遠見書房）などがある。

田中　究（たなか・きわむ）
関内カウンセリングオフィス代表。龍谷大学大学院文学研究科博士後期課程。慶應義塾大学大学院社会学研究科修士課程修了。修士（社会学）。臨床心理士，公認心理師。慶應義塾大学保健管理センター非常勤カウンセラー，跡見学園女子大学，大妻女子大学，東京大学，東北福祉大学非常勤講師，日本家族療法学会認定スーパーヴァイザー。著書に『心理支援のための臨床コラボレーション入門』（遠見書房）などがある。

システムズアプローチを学ぶ
臨床スキルを高めるヒント

2025年4月1日　第1版第1刷発行

編　者──東　豊・田中　究
発行所──株式会社　日本評論社
　　　　　〒170-8474　東京都豊島区南大塚3-12-4
　　　　　電話 03-3987-8621（販売）-8598（編集）　振替 00100-3-16
印刷所──港北メディアサービス株式会社
製本所──井上製本所
装　幀──森　裕昌（森デザイン室）

検印省略　Ⓒ 2025 Higashi, Y., Tanaka, K.
ISBN978-4-535-98537-7　Printed in Japan

JCOPY 〈(社)出版者著作権管理機構　委託出版物〉
本書の無断複写は著作権法上での例外を除き禁じられています。複写される場合は，そのつど事前に，(社)出版者著作権管理機構（電話 03-5244-5088, FAX 03-5244-5089, e-mail: info@jcopy.or.jp）の許諾を得てください。
また，本書を代行業者等の第三者に依頼してスキャニング等の行為によりデジタル化することは，個人の家庭内の利用であっても，一切認められておりません。

みんなのシステム論　対人援助のためのコラボレーション入門
赤津玲子・田中 究・木場律志 [編]

心理、教育、医療、看護、福祉、司法、産業……さまざまな臨床現場でシステムズアプローチを使いこなそう！　すべての対人援助職のためのシステムズアプローチ入門書。
チームで働く支援者必携！

◆定価2,420円（税込）／A5判

新版 セラピストの技法
東 豊 [著]　　システムズアプローチをマスターする

この1冊でセラピストの頭のなかがすべてわかる！
面接の逐語録からP循環療法の事例まで、あれもこれもギュッと詰め込んでシステムズアプローチがさらに楽しく学べるようになりました！

◆定価2,200円（税込）／四六判

今日から始まるナラティヴ・セラピー
坂本真佐哉 [著]　　希望をひらく対人援助

子どもの不登校から健康問題まで。「問題」のかげに隠れた希望のプロットに光を当て、新たなストーリーを紡ぐ会話の世界にようこそ。

ナラティヴ・セラピーの一番易しい（優しい）本！　◆定価2,200円（税込）／四六判

不登校・ひきこもりに効くブリーフセラピー
坂本真佐哉・黒沢幸子 [編]

不登校・ひきこもり支援の第一線で活動する専門家たちが、からまった糸を解きほぐす臨床心理学の技法をやさしく解説。

◆定価2,530円（税込）／A5判

思春期のブリーフセラピー
黒沢幸子・赤津玲子・木場律志 [編]　　こころとからだの心理臨床

腹痛や頭痛、めまい、朝起きられない、食事がとりづらい……
心身にさまざまな不調が生じやすい思春期。「関係性」を見て良い循環を作るブリーフセラピーによる支援のポイントを、多彩な事例で紹介！

◆定価2,530円（税込）／A5判

未来・解決志向ブリーフセラピーへの招待
黒沢幸子 [著]　　タイムマシン心理療法

未来・解決志向ブリーフセラピーとは何か。豊富な事例と丁寧な解説でその真髄に迫る。
好評『タイムマシン心理療法』増補改定版。

◆定価2,200円（税込）／四六判

日本評論社　https://www.nippyo.co.jp/